Elfriede Bukacek / Angela Nowak

Hunde-Urlaub in Deutschland

Unterkünfte und Ausflugstipps für Zwei- und Vierbeiner
inklusive Strandaufenthalt Nord- und Ostsee

Danksagung

Die Autorinnen bedanken sich bei den im Buch erwähnten Tourismus-Infostellen für deren zur Verfügung gestellte Fotos und Presseinformationen.

Alle Informationen im vorliegenden Buch „Hunde-Urlaub in Deutschland" wurden von den Autorinnen sorgfältig recherchiert und geprüft, erfolgen aber ohne Gewähr, da eine absolute Garantie für die Richtigkeit der Daten nicht übernommen werden kann. Die Autorinnen und der Verlag übernehmen für Angaben zu Adressen oder Informationen keine Haftung.

ISBN 3-7059-0224-5
1. Auflage 2005
© Copyright by Herbert Weishaupt Verlag, A-8342 Gnas.
Tel.: 0043-3151-8487, Fax: 0043-3151-84874
e-mail: verlag@weishaupt.at
e-bookshop: www.weishaupt.at
Sämtliche Rechte der Verbreitung – in jeglicher Form und Technik – sind vorbehalten.
Druck und Bindung: Druckerei Theiss GmbH, A-9431 St. Stefan.
Printed in Austria.

Elfriede Bukacek / Angela Nowak

Hunde-Urlaub in Deutschland

Unterkünfte und Ausflugstipps für Zwei- und Vierbeiner
inklusive Strandaufenthalt Nord- und Ostsee

Weishaupt Verlag

Inhalt

Einleitung	6
Teil 1: Tierische Reiseinformation	**8**
Globetrotter Hund	8
1. Vor der Erholung steht die Planung	8
2. Grünes Licht von Onkel Doc?	9
3. EU-Tierpass & Reisebestimmungen	9
4. Sommerurlaub mit Hund: Sonne, Strand und Meer	10
5. Winterurlaub mit Hund: Schnee, Eis und Kälte	12
6. Vertraute Gerüche im Reisegepäck	14
7. Stressfrei & tierisch angenehm reisen: Auto, Bus, Bahn, Flugzeug	15
8. Hundefreundliche Unterkunft	17
9. Sport, Fun & Action	17
10. Wellness, Relax & Care	20
11. Etikette & Erziehung	22
12. Notfallvorsorge und Erste-Hilfe-Maßnahmen	23
Teil 2: Adressen hundefreundlicher Unterkünfte	**28**
Allgemeine Information zu den folgenden Unterkünften	28
Bundesland Baden-Württemberg	29
Bundesland Bayern	38
Bundesland Berlin	62
Bundesland Brandenburg	67
Bundesland Hessen	73
Bundesland Mecklenburg-Vorpommern inklusive Hundestrände	84
Bundesland Niedersachsen inklusive Hundestrände	99
Bundesland Nordrhein-Westfalen	107
Bundesland Rheinland-Pfalz	113
Bundesland Saarland	126
Bundesland Sachsen	128
Bundesland Sachsen-Anhalt	137
Bundesland Schleswig-Holstein inklusive Hundestrände	145
Bundesland Thüringen	168
Anhang	**172**
Interessante Adressen, Infos und Websites	172
Fotonachweis	173
Information zu den Autorinnen	176

Einleitung

Liebe Hundefreundin, lieber Hundefreund!

Wenn Sie diese Zeilen lesen, ist eines gewiss: Sie teilen Ihr Leben bereits mit einem – oder mehreren – Hund/en oder Sie wollten immer schon einen treuen Begleiter an Ihrer Seite haben. Aber aus Verantwortungsbewusstsein, weil Sie – und Ihre Familie – sehr reisefreudig sind und in der Abwesenheit den Vierbeiner nicht fremden Personen anvertrauen möchten, sind Sie – leider – noch nicht auf den Hund gekommen. Doch wenn Sie nun weiter blättern in diesem Buch, werden Sie feststellen und staunen, dass Sie die schönste Zeit des Jahres, Ihren Urlaub, auch gemeinsam mit Hund verbringen können. Ebenso einem Urlaub am Meer steht mit Vierbeiner nichts im Wege – genießen Sie die hundefreundliche Ost- und Nordsee! Hunde sind am liebsten immerzu an Herrchens bzw. Frauchens Seite und sind überdies meist sehr unkomplizierte Reisebegleiter. Damit der Urlaub für alle Beteiligten unvergesslich und erholsam wird, können Sie in diesem Buch alles über die nötige Reisevorbereitung für den Vierbeiner, beispielsweise nötige Impfungen, Dokumente und Reiseutensilien, nachlesen. Aber vor allem erfahren Sie Adressen und nähere Informationen über zahlreiche hundefreundliche Unterkünfte in Deutschland, in denen Sie und Ihr Hund gern gesehen und willkommen sind. Und auch für Gäste auf vier Pfoten gibt es im Urlaub allerhand zu erleben: Sport und Fun garantieren u. a. Flyball und Agility. Relaxen und buddeln im Sand sowie Badevergnügen erleben Hunde an den eigens für sie geschaffenen Hundestränden. Oder vielleicht möchten Sie gerade im Urlaub die Zeit nutzen, um mit Ihrem Hund eine Hundeschule zu besuchen? Und wenn Sie einen Tag oder Abend ohne Hund verbringen möchten, z. B. für eine Sightseeing-Tour, dann bieten viele Unterkünfte einen Hundesitter-Dienst an, d. h. Ihr Hund wird in Ihrer Abwesenheit liebevoll betreut und auch Gassi geführt. Starten bzw. planen Sie einfach los: Denn Hunde sind Partner des Menschen – und auch sie haben sich einen Urlaub verdient: Viel Freude mit Ihrem Hund im Urlaub!

Teil 1: Tierische Reiseinformation

Globetrotter Hund

Hundehalter wissen Bescheid: Ohne Herrchen – respektive Frauchen – läuft gar nichts! Der Hund als Rudeltier möchte immer und bei jeder Gelegenheit an Herrchens Seite (seinem „Rudel") sein – und dies gilt insbesondere natürlich auch für die Urlaubszeit. Denn nichts stärkt die Beziehung zwischen Zwei- und Vierbeiner mehr, als die so genannte schönste Zeit im Jahr miteinander zu teilen.

Der Hund als vierbeiniger Tourist ist vielerorts gerne gesehen. Mittlerweile haben sich in Deutschland zahlreiche Unterkünfte aller Preiskategorien, angefangen von Campingplatz, Bauernhof, Ferienwohnung, Pension bis hin zum luxuriösen Fünf-Sterne-Hotel, darauf spezialisiert, den Urlaubsaufenthalt für Reisende mit Hund so abwechslungsreich und angenehm wie möglich zu gestalten. Nun – die Annehmlichkeiten für Menschen müssen hier wohl nicht erläutert werden, aber wie bereitet man einem Hund ungetrübtes Ferienvergnügen?

1. Vor der Erholung steht die Planung

Tapeten- bzw. Hundekorbwechsel ist also angesagt. Ein Blick auf Ihren vierbeinigen Liebling müsste genügen, um die Wahl des Urlaubszieles festzulegen. Dackel sind beispielsweise aufgrund ihrer Statur wenig geeignet für stundenlange Gebirgswanderungen. Und anstelle zarter Yorkshire-Damen wären Huskys wohl eher begeisterte Langlaufpartner im Winter. Dickfellige Hunderassen wie der Bobtail bevorzugen eher das kühle Klima eines Bergurlaubes als einen Strandurlaub in der

Glut der Sommerhitze. Generell ist festzustellen, dass Hunde im Gegensatz zu vielen Menschen keine Sonnenanbeter sind, was angesichts des meist üppigen Felles nicht verwundert. Oder würden Sie im Pelzmantel ein Sonnenbad genießen?
Damit Mensch und Tier gleichermaßen den Urlaub genießen und sich erholen können, ist es wichtig, alle Bedürfnisse zu berücksichtigen. Es stellt sich für Hundehalter die Frage, welche Art von Urlaub bevorzugt wird (beispielsweise Wanderurlaub, Kulturreise, Relax-Woche etc.) und wie der treue Vierbeiner bestmöglich in diese Pläne integriert werden kann und mit der möglichen Klimaveränderung zurechtkommt.

2. Grünes Licht von Onkel Doc?

Wenn die Art des Urlaubes (u. a. Sport oder Faulenzen) und das Reiseziel feststehen, sollte der Tierarzt aufgesucht werden, um sein „Okay" für die Reise des Vierbeiners einzuholen.
Beim Tierarzt sollte ein allgemeiner Gesundheits-Check durchgeführt und geklärt werden, ob der Hund die ge-

planten sportlichen und klimatischen Anforderungen bewältigen kann. Maßgebend sind hierfür neben dem Gesundheitsaspekt auch das Alter und die Rasse des Hundes. Der Tierarzt weiß außerdem Bescheid über die nötigen Impfungen (u. a. gegen Tollwut) und Papiere für die Reise, informiert über eventuelle Infektionskrankheiten und Parasiten, stellt auf Wunsch eine individuelle Reiseapotheke (s. S. 24) zusammen und verschreibt im Bedarfsfall nötige Medikamente (beispielsweise gegen Reisekrankheit oder Durchfall). Sollte Ihr Hund noch keinen Mikrochip implantiert haben, kann dies ebenfalls an Ort und Stelle erfolgen.

3. EU-Tierpass & Reisebestimmungen

Auch für Hunde gilt: Keine Reise ohne Pass! Der EU-Heimtierausweis sorgt – seit dem 1. Oktober 2004 – für eine einheitliche Regelung in den EU-Ländern. Das blaue Dokument mit dem europäischen Sternenbanner wird von Tierärzten ausgestellt. Darin enthalten sind ein Foto des Hundes, Angaben zu Rasse, Geschlecht, Geburtsdatum, Farbe und Typ des Felles, Angaben über Tollwut- und sonstige Imp-

fungen, Eintragung von Tätowierung oder Chip sowie nähere Details zur medizinischen Vorgeschichte des Hundes. Als Kennnummer gilt die Mikrochip-

Machen Sie aus Ihren Lieblingen eindeutige Europäer!

Der erste Mikrochip für Tiere mit Ländercode
Österreich [040]
Deutschland [276]

Sie treffen die einmalige Entscheidung für die lebenslange Kennzeichnung Ihres Tieres. Der Ländercode gewährleistet optimale Rückführbarkeit auch aus dem Ausland.

Fragen Sie Ihren Tierarzt nach dem Virbac Chip mit Ländercode!

Für Reisen innerhalb der EU seit Oktober 2004 vorgeschrieben: Chipkennzeichnung und EU-Heimtierausweis

Virbac TIERGESUNDHEIT

040-098100120488 AUT

---

bzw. Tätowiernummer des Hundes. Die Kosten für einen Ausweis werden nach der gültigen Gebührenordnung für Tierärzte berechnet. Hunde benötigen für die Einreise nach Deutschland ein vom Amtstierarzt ausgestelltes Gesundheitszeugnis, eine gültige Impfung gegen Tollwut sowie einen Mikrochip oder eine Tätowierung, wobei die Tätowierung nur noch bis zum Jahr 2011 anerkannt wird. Die Tollwut-Impfung sollte mindestens 30 Tage vor der Einreise und höchstens vor zwölf Monaten erfolgt sein. Vor dem Urlaub mit dem Hund sollte nicht nur die Impfung gegen Tollwut, sondern, falls erforderlich, auch gegen Staupe, Hepatitis, Leptospirose und Parvovirose aufgefrischt werden.

4. Sommerurlaub mit Hund: Sonne, Strand und Meer

Immer dabei, immerzu an Herrchens und Frauchens Seite sein – das mögen Hunde natürlich auch in der warmen Urlaubszeit. Trotzdem gibt es hierbei – und nicht nur für Hunde mit langem, dichtem oder schwarzem Fell und/oder kurzer Nase – einiges zu beachten: Während Menschen gerne (mittels Sonnenschutzcreme geschützt) die warmen Sonnenstrahlen auf der Haut und ausgiebige Sonnenbäder genießen, macht Hunden die Hitze mitunter schwer zu schaffen.

An den so genannten Hundstagen mit Temperaturen um die 30°C und vor allem in der prallen Mittagshitze sollte deshalb auf Action und ausgedehnte Spaziergänge mit dem Hund verzichtet werden. Gassigänge sollte man in die kühleren Morgen- bzw. Abendstunden verlegen. Denn Hunde schwitzen kaum und geben ihre hohe Körpertemperatur nur über das Hecheln ab. Sie verfügen zwar über Schweißdrüsen an den Pfoten, diese reichen aber nicht aus, um die Hitze auszugleichen. Der Temperaturausgleich erfolgt beim Hund über die Zunge.

Hunden sollte man – vor allem, aber nicht nur – im Sommer immer ausreichend frisches Wasser zur Verfügung stellen, da durch das Hecheln viel Flüssigkeit verloren geht.
Spaziergänge auf Asphalt sind in der Hitze unbedingt zu vermeiden, da sich durch starke Sonneneinstrahlung der Asphalt bis auf rund 70°C aufheizen kann und dadurch Verbrennungen an den Pfoten auftreten können.

Mit dem Vierbeiner am Strand

Sonne, Wind, Sand, Muscheln, Krebse, Ebbe und Flut, barfuß durch die Dünen laufen – für die meisten Menschen gehört dies für einen gelungenen Urlaub einfach dazu. Mit einem Aufenthalt an der Nordsee verbinden viele auch noch die Anwesenheit von Seehunden und das Kreischen der Möwen. Nun folgt eine gute Nachricht: Auch wenn Sie mit Hund verreisen, müssen Sie auf einen Strandaufenthalt nicht verzichten. Die Nord- und Ostsee beispielsweise sind beliebte Urlaubsziele und offerieren zahlreiche Hundestrände (s. S. 102 und S. 153), an denen Hunde ausdrücklich erwünscht sind. Die meisten Hunde sind ausgezeichnete Schwimmer und lieben es, im Sand zu buddeln oder sich einzugraben. Überdies ist das Reizklima der Nordsee Hunden sehr bekömmlich.

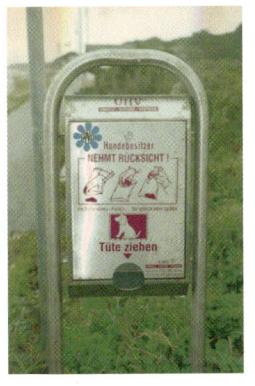

Ausgewiesene Hundestrände sind (zumeist) mit Hinweisschildern gekennzeichnet, oftmals stehen dort auch Automaten mit Gassi-Sets, so genannten Hygienebeuteln für Hundehäufchen, zur Verfügung. Mancherorts sind auch Strandkörbe für des Vierbeiners Begleitung – Herrchen und Frauchen – vorhanden.
An Stränden mit ausdrücklichem Hundeverbot dürfen Hund und Hundehalter/in leider nicht gemeinsam verweilen. An Stränden ohne Vorschriftsmaßnahmen ist es für Hundehalter ratsam, ein wenig Abstand von den anderen Strandgästen zu halten, damit diese sich durch das eventuelle Toben des Hundes im Sand oder das Ausschütteln des nassen Felles nicht gestört fühlen. Wenn Sie mit Ihrem Hund Stöckchen werfen spielen, sollten Sie ebenfalls ein freies Gelände aufsuchen.

Selbstverständlich sollten Hundehalter darauf achten, dass die Vierbeiner nicht an Liegestühlen, Strandkörben und dgl. ihr Bein heben. Ein Gassigang vor dem Strandbesuch ist ratsam. Sollte dennoch ein kleines Malheur geschehen, wird dies vom Hundehalter mittels Gassi-Set oder einer mitgeführten Papier- oder Plastiktüte entfernt.

> Tipp:
>
> Auch Hunde können einen Sonnenbrand bekommen! Besonders empfindlich hierfür sind wenig behaarte Körperstellen wie Nase, Ohren und Bauch. Hunde mit hellem Fell sind besonders gefährdet. Dünn behaarte Stellen einfach mit Kinder-Sonnenschutzcreme Faktor 20 für die sensible Haut (Allergiegefahr!) eincremen! Gegen Überhitzung hilft eine tiefe Sandkuhle im dort kühleren Sand. Nach dem Strandaufenthalt nicht vergessen, die Grube wieder zuzuschütten.

Die häufigsten Hunde-Beschwerden beim Meer-Aufenthalt sind Magen-Darm-Probleme. Wenn Ihr Hund Meerwasser getrunken oder Sand gefressen hat, kann Durchfall und Erbrechen die Folge sein. Bei gesunden Hunden hilft dagegen eine 24-Stunden-Nulldiät und viel frisches Wasser. Wenn Sie feststellen, dass Ihr Hund ängstlich ist, sabbert und zittrig ist, wurde er möglicherweise von einer Qualle erwischt. Deren Gift ist für Hunde ungefährlich, ein Besuch beim Tierarzt ist aber ratsam. Dieser kann dem Hund mit einer Cortisonspritze Linderung verschaffen.

5. Winterurlaub mit Hund: Schnee, Eis und Kälte

Hurra! Endlich Schnee! Viele Hunde freuen sich angesichts der weißen Pracht und lieben es, im Schnee zu buddeln und herumzutoben. Da vielerorts von den Unterkünften so genannte Hundesitter-Dienste angeboten werden, d. h. der Hund wird in der Abwesenheit von Herrchen und Frauchen betreut und Gassi geführt, werden die Vierbeiner gerne auch in den Winter(ski)urlaub mitgenommen. Während die Wintersportler auf zwei Brettern bzw. einem Snowboard den Hang hinunterpreschen, sind Vierbeiner dabei natürlich fehl am Platz. Beim Langlaufen jedoch können Mensch und Hund gemeinsam sportlich aktiv sein: Spezielle so genannte Hundeloipen sind zugelassen für Mensch und Hund. Dies sind häufig am Ortsrand gelegene, kurze, meist kreisrunde Loipen, auf denen sich Hunde frei bewegen dürfen. Natürlich ist dabei zu beachten, dass eventuelle Hundehäufchen auf der Loipe sofort entfernt werden (Gassi-Set oder Plastiktüte einstecken). Ebenso zu beachten ist, dass sich vor allem in Waldgebieten Wild in der Nähe von Futterstellen aufhalten kann und der

Checkliste für den Strandaufenthalt mit Hund

- Nehmen Sie ausreichend Trinkwasser und einen Wassernapf mit. Hunde sollten kein Salz/Meerwasser trinken! Wenn Ihr Hund trotzdem Meerwasser getrunken hat, sorgen Sie dafür, dass er mit viel frischem Trinkwasser nachspült (s. S. 11).
- Achten Sie auf ausreichend Schatten, wo sich Ihr Hund zurückziehen kann: Beispielsweise nahe bei großen Steinen oder Bäumen oder unter einem fest verankerten Sonnenschirm. Beachten Sie aber, dass die Sonnen wandert und im zuvor schattigen Plätzchen später leicht ein Hitzekollaps oder Hitzestau drohen kann.
- Viele Hunde bevorzugen es, anstatt im Sand auf einer eigenen Matte oder Decke zu liegen.
- Wenn Ihr Hund aus dem Meer kommt, sollten Sie ihn mit einem Handtuch trockenrubbeln. Nicht vergessen, auch die Ohren abzutrocknen. Vor dem Betreten der Unterkunft bzw. Ihres Autos im Falle einer Heimfahrt ist es ratsam, das Fell mit einer Bürste vom gröbsten Schmutz zu befreien.

- Um den Kreislauf Ihres Hundes nicht unnötig zu belasten, füttern Sie anstelle einer großen Mahlzeit mehrere kleine Portionen über den Tag verteilt. Trockenfutter ist wegen der Haltbarkeit bei Hitze empfehlenswert. Trinkmenge an frischem Wasser: Zwei Liter bei großen Hunden.
- Gönnen Sie Ihrem Hund in der Hitze Ruhe und überfordern Sie ihn nicht mit anstrengenden sportlichen Aktivitäten. Laufen im Sand kann bei Hunden zu muskelkaterähnlichen Erscheinungen führen. Anzeichen können sein: Ein eingeklemmter Schwanz oder Lahmheit. Deshalb sollten Sie das Bewegungspensum nach und nach langsam steigern und den Hund am ersten Ferientag nicht „auspowern" lassen.
- Zwingen Sie Ihren Hund nicht dazu, ins Meer zu gehen, wenn er es nicht möchte – Hunde können auch ertrinken!
- Vorsicht, wenn das Wasser noch kalt ist: Hunde können im frischen Wind eine Blasen- oder Nierenentzündung bekommen.
- Kontrollieren Sie etwa alle zwei Stunden die Pfoten Ihres Hundes und waschen Sie diese gegebenenfalls mit Wasser aus, da nasser Sand zwischen den Pfoten wie Schmirgelpapier wirkt und zu nässenden Pfotenekzemen führen kann. Bei Rötung hilft eine Zink- oder Wundsalbe.
- Achten Sie darauf, dass kein Sand in die Augen Ihres Hundes kommt, denn Sandkörner können eine Bindehautentzündung auslösen. Nach dem Strandaufenthalt am besten die Augen mit Wasser und einem Tuch reinigen. Bei Rötung: Augensalbe.
- Nach dem letzten Salzwasserbad im Meer benötigt Ihr Hund eine Süßwasserdusche, um das Fell vom Salz zu befreien. Tägliches Baden ist jedoch unnötig, da Hunde eine gute selbstreinigende Haut- und Fellfunktion haben. Das trockene Fell gut ausbürsten.

Hund dieses nicht jagen darf (im Bedarfsfall den Hund streckenweise an die Leine nehmen).

Tipps beim Langlaufen

Achten Sie darauf, dass der Hund über ausreichend Kondition verfügt und nicht körperlich überfordert wird. Bei Neuschnee sind die Loipen sehr weich, wodurch die Hundepfoten tief einsinken und sich Eisklumpen zwischen den Zehen bilden – bei dieser Wetterlage ist der Hund besser beim Hundesitter-Dienst aufgehoben. Verwöhnen Sie ihn anstelle des Langlaufens mit einem ausgedehnten Spaziergang.

Während Menschen sich durch zusätzliche, wärmende Kleidung vor der Kälte schützen können, trotzen Hunde der Kälte mit ihrem Fell. Zarte, kleine Hunde mit glattem Haarkleid sowie ältere Tiere mit Bandscheiben- oder Nierenproblemen kann man bei Bedarf mit einem wasserdichten Hundemantel ausstatten. Bei Schnee- und Eislage ist Vorsicht geboten beim Gassi- oder Spazieren gehen! Durch Salzstreu, Rollsplitt und sonstige Auftau-Chemikalien werden die Hundepfoten und Ballen strapaziert, wodurch Entzündungen und schmerzhafte Zwischenzehenekzeme entstehen können.

Checkliste für den Hund in der kalten Jahreszeit

- Vor dem Spaziergang sollten die Hundepfoten zum Schutz vor Salzstreu etc. mit Vaseline, spezieller Pfotenpflegecreme oder Hirschtalg eingecremt werden. Bei der Heimkehr die Pfoten mit lauwarmem Wasser ohne Seifenzusatz reinigen und trockenrubbeln. Bei sichtbaren Entzündungen den Tierarzt aufsuchen!

- Durch den Kontakt mit anderen Hunden, durch Husten oder Niesen kann der so genannte „Zwingerhusten" übertragen werden – eine von mehreren Bakterien und Viren ausgelöste Entzündung der oberen Luftwege (Kehlkopf, Luftröhre und Bronchien). Anzeichen beim Hund: trockener Husten, oftmals Erbrechen von weißem Schleim. Sofort den Tierarzt aufsuchen!
- Hunde nicht in der Kälte auf nassem Boden sitzen lassen, beispielsweise angeleint wartend vor einem Geschäft, dies kann Blasenentzündungen hervorrufen.
- Durch das Fressen von Schnee – leider eine beliebte Angewohnheit bei vielen Hunden – können Mandelentzündungen (Anzeichen: Husten, weißer Schaum im Maul), eine so genannte Schnee-Gastritis oder Brech-Durchfall entstehen.
- Auf das Baden des Hundes sollte im Winter verzichtet werden, denn dies bringt den Fettgehalt des Felles durcheinander und der Kälteschutz geht verloren. Bei starker Verschmutzung das Fell mit Kamm und Bürste säubern.

---

6. Vertraute Gerüche im Reisegepäck

Für Hunde stellt das Reisen eine aufregende, tolle Abwechslung dar – schließlich gibt es dabei allerlei Interessantes zu entdecken: ungewohnte Gerüche, ein unerforschtes Revier und neue Spielkameraden. Doch obwohl Hunde meist allem Neuen gegenüber aufgeschlossen sind, dürfen im Hunde-Reisegepäck lieb gewonnene Utensilien mit dem vertrauten Geruch von daheim nicht fehlen. Ein Kauknochen, Spielzeug, Schlafkorb und die schmackhaften Leckerlis von zu Hause vertreiben im Nu aufkeimendes Heimweh und erleichtern die Eingewöhnung im Urlaubsquartier. Wir haben für Sie und Ihren vierbeinigen Liebling eine umfassende Liste mit allem nötigen Hundezubehör zusammengestellt:

> **Checkliste für Hundegepäck:**
>
> Was im Hundegepäck nicht fehlen sollte: Leine, Maulkorb, Halsband mit Heimat- und Urlaubsadresse sowie Telefonnummer, (Haftpflicht)Versicherung und Versicherungsnummer, EU-Reisepass, Impfpapiere, Tollwut- und Gesundheitsbescheinigung, Tierarztadresse am Urlaubsort für Notfälle sowie Tierarztadresse und -telefonnummer vom Heimatort, Schlafkorb bzw. Schlafdecke, Handtuch für schmutzige Pfoten, Fellbürste, Kamm, Hundeshampoo, Fress- und Trinknäpfe (kleines Set auch für die Reise), gewohntes Futter und Leckerchen, Dosenöffner, Spielzeug, Kauknochen, eventuell Fahrradkörbchen oder Transportkorb für das Auto, Gassi-Set bzw. Papiertüten zum Entfernen von Hundehäufchen. Für Notfälle und kleine Unpässlichkeiten empfiehlt sich die Mitnahme einer gut sortierten Reiseapotheke (s. S. 24). Als Reiseproviant eignet sich gewohntes Dosenfutter und Leckerchen von daheim, Trockenfutter sowie Kauknochen gegen Langeweile. Frisches Trinkwasser sollten Sie immer mitführen.

7. Stressfrei & tierisch angenehm reisen

Info: www.dogbag.de

Mit dem Auto. Am häufigsten wird die tierische Urlaubsreise mit dem eigenen Auto angetreten, denn dabei kann individuell, den Bedürfnissen des Hundes entsprechend, gestoppt werden. Autofahrten sind bei Hunden beliebt und meist schon vom Alltagsleben her wohlbekannt. Bei längeren Strecken muss darauf geachtet werden, dass ausreichend – etwa alle zwei Stunden – Pausen für den Vierbeiner (aber auch die zweibeinigen Insassen schätzen Rastplätze) eingelegt werden, um – angeleint! – Gassi zu gehen und bei Bedarf mit ausreichend Trinkwasser versorgt zu werden. Vor und während der Reise sollte man Hunde nicht füttern, bei längeren Fahrten anstelle Nass- nur Trockenfutter (zuzüglich ausreichend Trinkwasser) verabreichen. Achten Sie darauf, dass während der Fahrt die Autofenster geschlossen sind und das Gebläse der Klimaanlage nicht auf Ihren Hund eingestellt ist, denn Zugluft kann bei Hunden leicht eine Bindehautentzündung verursachen. Man kann auch nicht oft genug betonen, dass Hunde nicht alleine unbeaufsichtigt im Auto bleiben sollen. Dies kann für den Hund lebensbedrohende Auswirkungen haben, vor allem wenn das Auto zuerst im Schatten parkt und dann aufgrund der Sonnenwanderung der prallen Hitze ausgesetzt ist!

Tierische Reiseinformation

In Deutschland gilt die Sicherungspflicht für Hunde im Auto, d. h. Hunde müssen mit einer Sicherheitseinrichtung wie beispielsweise Gurt, Netz, Trenngitter oder Transportbox geschützt sein, um dadurch auch eine Beeinträchtigung des Wagenlenkers zu verhindern. Sind Hunde nicht ausreichend gesichert, stellt dies eine verkehrsrechtliche Zuwiderhandlung dar, die mit Bußgeld oder Punkten bestraft werden kann. Denn genauso wie Gurtpflicht, Freisprecheinrichtung oder Geschwindigkeitsbegrenzung ist auch das Sichern von Ladung (ein Haustier im Fahrzeug wird als solche angesehen und unterliegt demnach §23, StVO) eine Vorschrift zur Verkehrssicherheit.

Hunde reisen im Auto am sichersten und bequemsten im Kombi-Kofferraum (falls dieses Automodell vorhanden ist), einem verschließbaren Transportkorb oder auf der Rücksitzbank auf Anti-Rutschmatten und durch ein Gitter getrennt von den vorderen Autositzen. Sicherheitsgurte (Brustgeschirr mit Bewegungsfreiheit) sind ebenfalls für Hunde im Handel erhältlich und empfehlenswert, da sich Hunde bei Vollbremsungen verletzen bzw. zu gefährlichen „Geschossen" für alle Insassen innerhalb des Autos werden können.

Wichtig: Lernen Sie Ihrem Hund schon im Welpenalter, dass er aus Sicherheitsgründen immer als Erster in das Auto einsteigt und immer als Letzter, und zwar angeleint, wieder aussteigt. Innerhalb des Autos wird die Leine abgenommen, damit sich der Hund nicht verheddert oder stranguliert.

<u>Mit Bus oder Bahn.</u> Hunde sind in Bussen und Zügen mit Leine und Maulkorb versehen erlaubt, allerdings muss eine Fahrkarte für das Tier gelöst werden (Ausnahme Blindenführhunde). Diese kostet den halben Fahrpreis bzw. den Fahrpreis für Kinder. Leider hat der Hund auch mit Fahrkarte keinen Anspruch auf einen Sitzplatz. Sehr kleine Hunde (bis zur Größe einer Hauskatze) finden Platz in einer Tragetasche oder einem Behälter und reisen gratis – bitte rechtzeitig darüber informieren! Wenn längere Fahrten unternommen werden, ist darauf zu achten, dass der Hund zwischenzeitlich – bei längeren Stopps – sein Geschäft verrichten kann. Unbedingt Gassi-Set bzw. Papiertüten zur Beseitigung des Malheurs mitnehmen und den Bus- bzw. Zugführer über den Gassigang am Bahnsteig informieren. Im Zugrestaurant ist der Zutritt für Hunde verboten (Ausnahme: Blinden- und Führhunde). Schlaf- und Liegewagen müssen bei einer Mitnahme des Hundes komplett reserviert werden. Hauptreisezeiten sollten gemieden werden, denn kein Hund liebt es, in überfüllten Abteilen, umgeben von zahleichen Menschenbeinen zu reisen, immer in Sorge, ob jemand (auf) ihn tritt.

<u>Mit dem Flugzeug.</u> Kleine Hunde dürfen meist in einer Transportbox in der Kabine mitfliegen, größere Hunde müssen im Frachtraum reisen. Die Gewichtsklasse der Hunde und Größe der Transportboxen sowie Flugpreise bei den einzelnen Fluglinien sind sehr unterschiedlich – bitte rechtzeitig bei Ihrer bevorzugten Fluglinie vor Antritt des Fluges erkundigen.

8. Hundefreundliche Unterkunft

„Hunde willkommen" verspricht ein Schild an der Eingangspforte zum Hotel. Als „tierfreundlich" werben Pensionen in Urlaubskatalogen. Hundepiktogramme sollen bei Unterkunftsbeschreibungen darauf hinweisen, dass Vierbeiner erlaubte – und hoffentlich auch erwünschte – Gäste sind. Doch nicht immer entpuppt sich eine als hundefreundlich ausgewiesene Unterkunft auch wirklich als hundetauglich. In diesem Buch finden Sie im Adressenteil zahlreiche verschiedene Unterkünfte aller Preiskategorien, in denen Hunde wirklich gern gesehene vierbeinige Gäste sind und nicht bloß als unliebsames Anhängsel ihres Herrchens betrachtet werden. Trotzdem gibt es bei den vorgestellten Unterkünften im Buch unter den Gastgebern einige, die sich dem vierbeinigen Gast <u>mit besonderer Hingabe</u> widmen.

Hunde haben mitunter andere Ansichten als ihre Halter, was die Klassifizierung von Unterkünften angeht. Ob fünf oder drei Sterne ist für Hunde kein entscheidendes Kriterium, um sich wohl zu fühlen. So kann es durchaus sein, dass der Vierbeiner die Ferienwohnung mit Gartenauslauf der De-Luxe-Hotelsuite im achten Stockwerk mit Gourmet-Fressen vorzieht.

<u>Checkliste für einen stressfreien Aufenthalt in der Unterkunft</u>
- Machen Sie bereits bei der Unterkunftsbuchung Angaben über den Hund, wie beispielsweise Rasse und Größe.
- Klären Sie die nötigen Futtergewohnheiten ab und welches Hundezubehör im Zimmer vorhanden ist (z. B. Hundedecke, Futter- und Wassernapf).
- Beim Einchecken den Hund extra erwähnen, zeigen Sie ihn auch dem Personal und dem Zimmerservice und nennen Sie seinen Namen.
- Informieren Sie sich bei der Hotelleitung über eventuelle hundefreie Zonen bzw. wo der Hund überall mitdarf sowie über die nächstgelegenen Gassiplätze.
- Wenn der Hund alleine, also unbeaufsichtigt im Zimmer bleiben muss, informieren Sie den Zimmerservice darüber, damit der Hund nicht irrtümlich und/oder ungesehen beim Öffnen der Zimmertür entweichen kann.
- Gegen eventuelle Sachbeschädigung des Hundes in der Unterkunft bzw. im Zimmer ist der Abschluss einer Hunde-Tierversicherung ratsam. Polizze immer in den Urlaub mitnehmen.
- Eine Selbstverständlichkeit sollte es sein, dass der Hund wohlerzogen, flohfrei und stubenrein ist!

9. Sport, Fun & Action

Die meisten Hunde sind Energiebündel und lieben Bewegung jeglicher Art. Gerade im Urlaub bieten sich zahlreiche Möglichkeiten für Hund & Herrchen/Frauchen, etwas für die Gesundheit und Fitness zu tun und sich gegenseitig auf Trab zu bringen. Nachfolgend sind für bewegungshungrige Urlauber die häufigsten Sportarten inklusive Hundetauglichkeit dargestellt:

Tierische Reiseinformation

Spazieren gehen: ☺ wetterunabhängig, für jede Hunderasse und jedes Alter geeignet, geringe Anstrengung, Zeit zum Erschnüffeln neuer Gerüche ☹ keine.

Wandern/Ebene: ☺ je nach Zeit und Streckenverlauf mittlerer Anstrengungsgrad, Auslauf streckenweise ohne Leine möglich ☹ keine.

Bergwandern: ☺ Freilauf nötig zur Sicherheit des Hundes auf engen Bergstraße und steilen Wegen ☹ für ältere Hunde, Hunde mit Herz-Kreislauf- oder Gelenkserkrankungen oder Welpen ungeeignet.

Info: www.dogbag.de

Walking: ☺ gelenk- und bänderschonend ☹ nicht bei großer Hitze und auf Asphalt geeignet.

Nordic Walking: ☺ fördert Hundekondition, setzt aber Leinenführigkeit im Gleichschritt voraus ☹ manche Hunde irritiert die Verwendung von Stöcken.

Joggen: ☺ für hyperaktive, große, gehorsame, ausgewachsene (!) Hunde geeignet, Laufen auf Gras und Erde ☹ auf Laufpausen und Trinkwasser achten, Beginn des Lauftrainings erst bei voll belastbaren Gelenken, keine Asphaltläufe.

Radfahren: ☺ kleine Hunderassen fahren im Lenkradkorb, große Rassen laufen angeleint an der rechten Straßenseite, abseits des Verkehrs, mit ☹ bei Hecheln des Hundes Pause einlegen, frisches Wasser reichen, Überanstrengung möglich, heißer, schmutziger Asphalt für Pfoten gefährlich.

Inlineskaten: ☺ aufgrund hoher Geschwindigkeit kein Leinenzwang möglich ☹ nur für gut trainierte, größere Hunde geeignet, welche die Strecke nicht kreuzen.

Baden/Schwimmen: ☺ die meisten Hunde lieben das kühle Nass, Abkühlung bei Hitze ☹ Vorsicht bei Strömung, Wind- und Wellengang, extremer Hitze (Sonnenbrand), Unterkühlung, Erkältung möglich.

Langlaufen: ☺ auf speziellen Hundeloipen dürfen sich Hunde frei bewegen, Fell schützt gegen Kälte, nur für größere Hunde geeignet ☹ Hunde bewegen sich gerne abseits der Loipe.

Wichtig: Die angeführten Sportarten dürfen nur von gesunden, ausgewachsenen Hunden mit der für den Sport erforderlichen Größe und Statur durchgeführt werden. Gehorsam des Hundes in jeder Situation wird zur allgemeinen Sicherheit vorausgesetzt. Hunde sollen neben dem Mikrochip-Implantat ein Halsband mit Namen und Telefonnummer der Urlaubs- und Heimatadresse sowie bei Bedarf und je nach gesetzlicher Vorschrift, beispielsweise an verkehrsreichen Straßen, öffentlichen Parks usw., Leine und Maulkorb tragen. Die gesetzlichen Bestimmungen erfahren Sie bei den jeweiligen Tourismus-Informationsstellen. Und nicht vergessen: Die Bewegung soll dem Hund – ebenso wie seinem zweibeinigen Sportpartner – Spaß machen und ihn nicht überfordern oder stressen! Auf ausreichend Pausen und Wasserzufuhr muss geachtet werden, Notfallapotheke mitnehmen.

Im Urlaub bietet sich mitunter auch die Gelegenheit, gemeinsam mit dem Vierbeiner diverse neue Hundesportarten auszuprobieren. Vielleicht befindet sich in der Nähe Ihres Urlaubdomizils, im Idealfall direkt bei der Unterkunft, ein Verein, wo Sie unter fachkundiger Anleitung Sportarten wie Agility, Obedience, Dogdancing, Flyball oder Dogathlon erlernen und trainieren können. Zur näheren Erläuterung der Sportbezeichnungen folgt eine kurze Übersicht, wieder nach Hundetauglichkeit bewertet.

Agility:

Hierbei muss der Hund – ohne Leine und nur aufgrund von Wortwahl und Gestik seines Herrchens – möglichst rasch einen abwechslungsreichen (u. a. versehen mit Stangenhürden, Mauern, Tunnel aus Plastik oder Stoff, Schrägwänden, Wippe, Laufsteg) Hindernisparcours überwinden. ☺ fördert körperliche Fitness, Wendigkeit für Mensch und Hund, Gehorsamkeitstraining für Hund ☹ nichts für kurzbeinige Rassen mit langem Rücken (Dackel), sehr kleine oder schwere Hunde bzw. Hunde mit Anfälligkeiten für Skeletterkrankungen.

Obedience und Dogdancing:

Obedience (Gehorsam) fördert ein harmonisches Miteinander von Mensch und Hund. Trainiert werden u. a. das Stehen-, Sitzen- und Liegenbleiben, Apportieren, die Geruchsidentifizierung von Gegenständen sowie über Hürden springen. Beim Dogdancing werden mit Musik „Kunststücke" geübt.

☺ geeignet für alle Rassen und Mischlinge, unabhängig von Größe, liebevolle, geduldige Erziehung ☹ Erziehung mittels Gewalt ist – mit Recht – verboten.

Flyball:

Mannschaftssportart für Hunde, die viel Geschick und Schnelligkeit erfordert. Ein Hundeteam besteht aus vier Hunden. Jeder Hund muss mindestens vier, im Abstand von drei Metern hintereinander aufgestellte Hürden überwinden. Danach muss der Hund die Fußtaste eines Katapults betätigen, wodurch ein Ball hochgeschleudert wird, den er mit seinem Maul fängt. Danach läuft er mit dem Ball über die Hürden zurück und einer seiner hündischen Teamkameraden ist an der Reihe. Die Hunde-Mannschaft, die am schnellsten und fehlerfrei alle Durchgänge absolviert hat, hat gewonnen. ☺ Spiel mit Artgenossen ☹ nichts für Einzelgänger und eher lauffaule Vierbeiner.

Dogathlon:

Hier ist Teamarbeit von Hund und Herrchen gefragt, denn beide haben gemeinsam einen Hindernisparcours zu bewältigen. Folgende Aufgaben können dabei enthalten sein: durch Reifen springen, Ein- und Aussteigen aus dem Auto, den Vierbeiner mit einem Handtuch abtrocknen und sein Fell bürsten. Doch Vorsicht – hier wird Ehrgeiz bestraft: Wer zu schnell ins Ziel gelangt, erhält Punkteabzug! ☺ fördert Mensch-Tier-Beziehung, baut Stress ab ☹ keine.

10. Wellness, Relax & Care

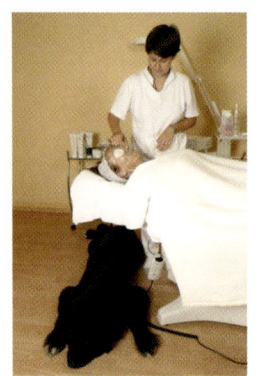

Keine Frage, auch Hunde lieben es zu relaxen, entspannen und sich verwöhnen zu lassen. Doch nicht vergessen: Hund sollte auch immer Hund bleiben dürfen und nicht vermenschlicht werden! Krallen-Lack und Fell-Maske als Beautybehandlung für Hunde gehören – zumindest unserer Ansicht nach – in die Kategorie falsch verstandene Tierliebe. Wenn bei Altersbeschwerden von Senioren-Hunden, wie beispielsweise Gelenksbeschwerden, mittels fachgerechter Massagen, Akupressur oder Akupunktur Linderung verschafft werden kann, dann spricht jedoch nichts gegen eine solche Anwendung. Und der Vierbeiner wird die Behandlung dankend annehmen. Ebenso zur Rekonvaleszenz nach Operationen oder Krankheiten kann durch passive und aktive Bewegungstherapie, Bachblütenbehandlung, Neuraltherapie, Infrarotbestrahlung, Wärme- und Kältebehandlung etc. die Lebensqualität des Hundes erhöht werden.

Hundefellpflege ist bei manchen Hunderassen, wie z.B. Pudel, vonnöten. Im Urlaub nimmt man sich vielleicht die Zeit, das Fell scheren und trimmen zu lassen sowie Verknotungen und Verfilzungen im Hundefell fachgerecht zu lösen.

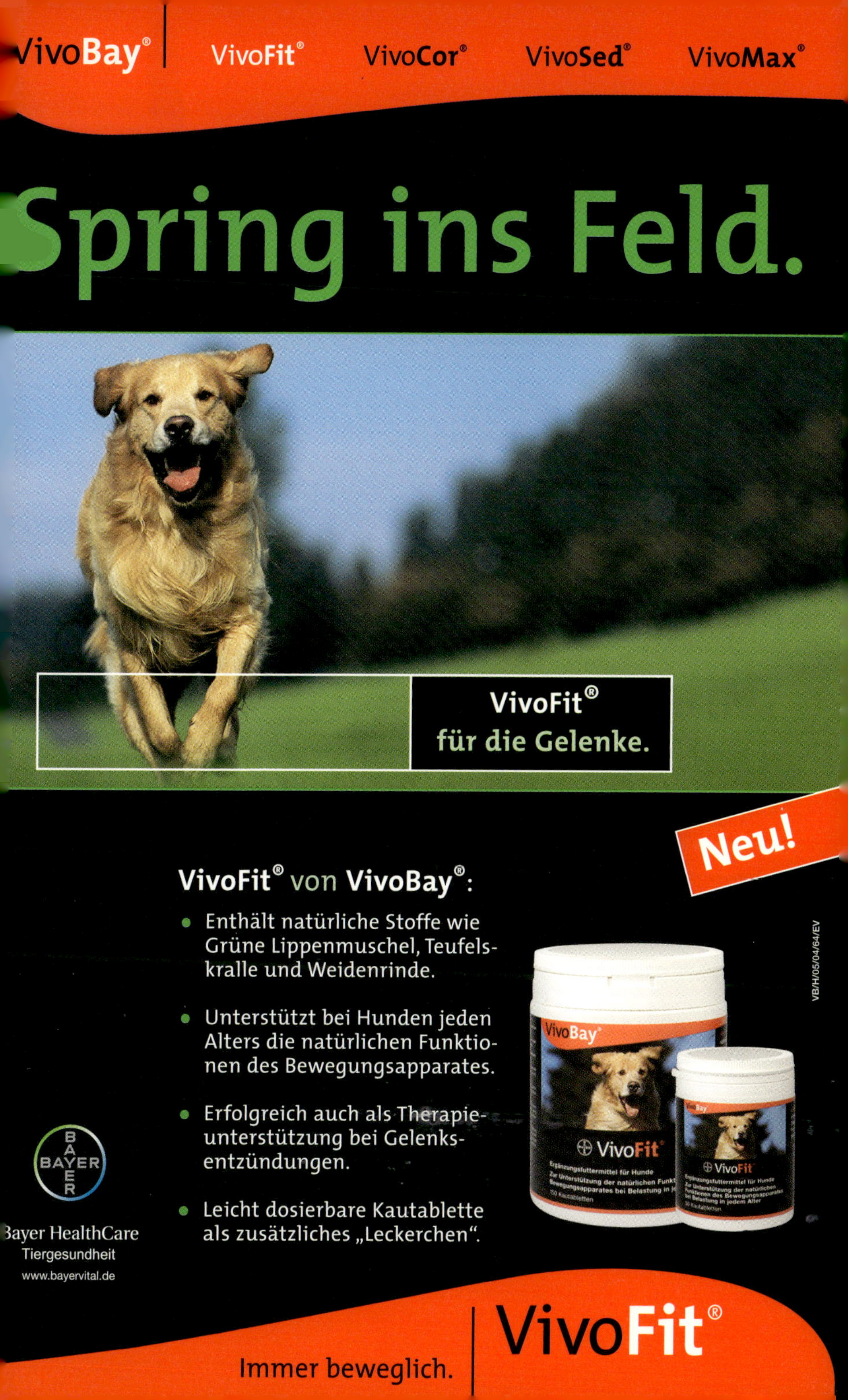
VivoBay®
VivoFit®
VivoCor®
VivoSed®
VivoMax®
Spring ins Feld.
VivoFit®
für die Gelenke.
Neu!
VivoFit® von VivoBay®:
• Enthält natürliche Stoffe wie Grüne Lippenmuschel, Teufelskralle und Weidenrinde.
• Unterstützt bei Hunden jeden Alters die natürlichen Funktionen des Bewegungsapparates.
• Erfolgreich auch als Therapieunterstützung bei Gelenksentzündungen.
• Leicht dosierbare Kautablette als zusätzliches „Leckerchen".
VB/H/05/04/64/EV
VivoBay
VivoFit
Bayer HealthCare
Tiergesundheit
www.bayervital.de
Immer beweglich.
VivoFit®

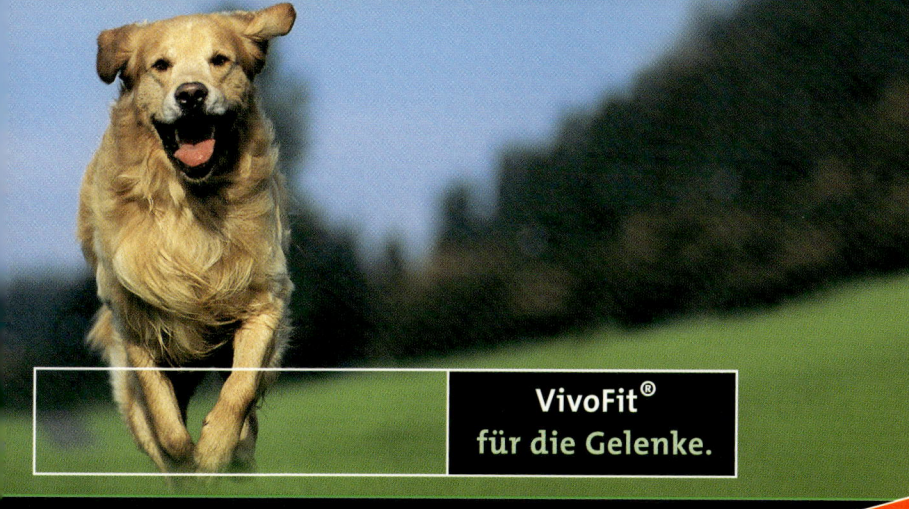

Lucky Dog Hundetraining macht es möglich !

11. Etikette & Erziehung

Hundehalter, Unterkunftgeber, Lokalbesitzer sowie andere anwesende Gäste freuen sich über wohlerzogene Hunde. Denn eines steht fest: Wenn der vierbeinige Liebling alle für das tägliche Miteinander benötigten Kommandos beherrscht, kann man ihn problemlos überall hin mitnehmen. Erziehung beginnt bereits im Welpenalter und sollte immer gewaltfrei sowie mit einer Menge Spaß für alle Beteiligten erfolgen. Im Urlaub bietet sich die Zeit und Gelegenheit, Erlerntes wieder zu trainieren oder auch einen Hunde-Erziehungskurs in einer Hundeschule zu besuchen.

Selbstverständlich wird auch in hundefreundlichen Unterkünften gutes Benehmen der Tiere erwartet und vorausgesetzt. Dies ist umso wichtiger, weil zumeist mehrere Hunde verschiedener Rassen an einem Ort zusammentreffen und miteinander auskommen sollen. Jeder Hund sollte auch, wie bereits erwähnt wurde, gesund, frei von Flöhen und stubenrein sein. Wir haben für Sie eine Checkliste mit Benimm- und Verhaltenstipps für Ihren Hund zusammengestellt, damit der Aufenthalt in der Urlaubsunterkunft sowie in Lokalen reibungslos abläuft:

Hunde-Benimmregeln: Der Hund soll ...

- ... im Hotel kein Inventar beschädigen und die Räumlichkeiten so sauber wie möglich halten.
- ... Gassi gehen nur an den dafür vorgesehenen Plätzen.
- ... bei alleinigem Aufenthalt oder nachts im Zimmer weder bellen noch jaulen.
- ... bei Tisch nicht betteln und ruhig am Boden – und nicht anderen Gästen oder dem Servierpersonal im Weg – liegen.
- ... die Anwesenheit anderer Hunde im selben Raum gewohnt sein und konfliktfrei dulden.

12. Notfallvorsorge und Erste-Hilfe-Maßnahmen

Der Hund läuft plötzlich unerwartet über die verkehrsreiche Straße und wird von einem Auto angefahren. Der ansonsten friedliche Hund rauft mit einem Artgenossen und wird gebissen. Der Hund erleidet einen Hitzeschlag. Oder der Hund wird von einer Biene gestochen. Trotz bester Obhut und wachsamem Aufpassen kann es passieren, dass der Hund einen Unfall erleidet, sich verletzt oder erkrankt. Ihr Hund ist in diesem Fall auf Sie und Ihre rasche Hilfe angewiesen. Aus nachfolgender Auflistung erhalten Sie wichtige Tipps und Informationen, wie Sie in diesem Falle Ihrem Vierbeiner hilfreich zur Seite stehen können.

Erste Hilfe-Maßnahmen

ANLASS: Augenprobleme.
SYMPTOME: Blinzeln, halb geschlossenes oder geschlossenes Auge; Lichtscheue; Lidschwellung, starke Rotfärbung der Bindehaut; Fremdkörper.
ERSTE HILFE: Verringerung des Lichteinfalls, kalte Bausche mit Wasser oder Kamillentee; sichtbare Fremdkörper, wenn leicht entfernbar, herausnehmen; möglichst bald den Tierarzt aufsuchen!

ANLASS: Durchfall.
SYMPTOME: Entleerung von wässrigem Kot; gelbbraun bis blutig, vermehrter Kotabsatz.
ERSTE HILFE: Kein Futter; als Flüssigkeit leichten russischen Tee oder Kamillentee (auch Mineralwasser) anbieten, warm halten, keine Arzneimittel eingeben; auf dem Transport zum Tierarzt Vorsorge treffen, dass die Umgebung des Tieres nicht beschmutzt wird.

ANLASS: Bissverletzung.
SYMPTOME: Oft nur kleine Wunden, die die Haut durchdringen, aber starke Abhebungen in der Unterhaut, erhöhte Infektionsgefahr durch Eindringen von Bakterien; tiefe Fleischwunden, starke Blutung, Knochenverletzungen.
ERSTE HILFE: Wegen der starken bakteriellen Infektion von Bisswunden fachgerechte Versorgung möglichst bald (innerhalb von max. 4–6 Stunden); bis dahin flüssige Desinfektion, saubererer, nicht einschnürender Verband bei blutenden Wunden und offenen Knochenverletzungen; keine Gummiringe verwenden.

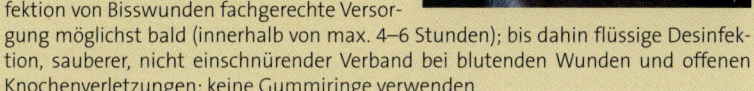

ANLASS: Erbrechen.
SYMPTOME: Würgebewegungen, Entleerung von Futter und Schleim oder weißem Schaum aus dem Maul; heftige Pfotenbewegungen zum Maul.
ERSTE HILFE: Nahrung und Flüssigkeit entziehen; bei wiederholtem Erbrechen: Verdacht auf Fremdkörper, Entzündung oder Infektionskrankheit; unbedingt den Tierarzt aufsuchen!

ANLASS: Insektenstiche.
SYMPTOME: Schwellungen an den Lippen und im Kopfbereich, Nesselausschlag (runde Schwellungen der Haut).
ERSTE HILFE: Stachel entfernen, Gifteindringstelle kühlen; möglichst bald den Tierarzt aufsuchen, Erstickungsgefahr!.

ANLASS: Ohrenschmerzen.
SYMPTOME: Kopfschütteln, Kratzbewegungen mit den Pfoten; plötzliches Kopfschütteln – spricht für das Eindringen einer Getreidegranne.
ERSTE HILFE: Äußeres Ohr reinigen; nicht in den Gehörgang eindringen, da Grannen („Schliefhansl") durch Schüttelbewegungen tiefer eindringen, daher sofort zum Tierarzt!
ANLASS: Sonnenstich, Hitzschlag.
SYMPTOME: Starkes Hecheln; Krämpfe bis zur Bewusstlosigkeit.
ERSTE HILFE: Für rasche Abkühlung sorgen (in den Schatten legen, mit kaltem Wasser abspülen, aber nicht übergießen; nasse Umschläge); kleine Schlucke Wasser einflößen; unbedingt Tierarzt aufsuchen!
ANLASS: Vergiftung.
SYMPTOME: Erbrechen, Durchfall, Krämpfe, Bewusstlosigkeit, Blutungen aus den Körperhöhlen.
ERSTE HILFE: Wenn möglich Feststellung des Giftes (zerbissene Arzneipackungen aufheben); umgehend den Tierarzt aufsuchen; Tierkohle eingeben, wenn Tierarzt nicht sofort erreichbar.
ANLASS: Zeckenbiss.
SYMPTOME: Festgesaugtes Insekt, Rötung der Bissstelle.
ERSTE HILFE: Mit dem Finger kreisförmig den Zeckenkörper bewegen, bis er abfällt; mit Alkohol abtupfen.

Quelle: IEMT – Institut für interdisziplinäre Erforschung der Mensch-Tier-Beziehung, Wien.

Schnell und unerwartet kann ein kleines Missgeschick oder ein Unfall passieren, deshalb ist es wichtig, immer eine Reiseapotheke für den Vierbeiner mit dabeizuhaben. Eine umfassende Reiseapotheke mit allen Utensilien für den Hund sollte folgende Utensilien beinhalten:

Checkliste für eine Hunde-Reiseapotheke:

Medikamente, die der Hund auch daheim regelmäßig einnehmen muss, (homöopathische) Medikamente gegen Durchfall, Insektenstiche (Bienenstich) oder Reiseübelkeit, (wasserdichtes) Flohhalsband, Zeckenzange, Ohren- und Augentropfen, Wunddesinfektionsmittel, Verbandszeug, Hundesocke/Schutzschuh bei Pfotenverletzung wie Schnittwunden, Pflaster, Einweghandschuhe, Schere mit abgerundeten Spitzen, nadellose Einwegspritzen zur Eingabe von flüssigen Medikamenten oder zur Spülung der Augen, Pinzette, Fieberthermometer, Heilsalbe, Hirschtalgsalbe oder Vaseline gegen rissige Pfoten, Mittel gegen Ungeziefer (Ungezieferhalsband), Notfalltropfen für Stresssituationen (Bachblüten Rescue-Tropfen), Kältekompresse, Decke oder Alufolie gegen Unterkühlung sowie Telefonnummer des Notfall-Tierarztes am Urlaubsort und des Tierarztes von daheim. Vorteilhaft sind auch Snacks oder Leckerchen, um bei Bedarf eine Medikamenteneinnahme zu erleichtern.

Was zu tun ist im Notfall

- Bewahren Sie Ruhe und reden Sie sanft auf das Tier ein, denn Nervosität überträgt sich auf den Hund.
- Bringen Sie sich selbst und den Hund aus der Gefahrensituation.
- Das Anlegen eines Beißkorbes oder einer Maulbinde schützt Sie vor eventuellen Bissverletzungen – auch der eigene Hund kann in einer Notfallsituation mit Abwehr reagieren.
- Den Hund mit einer Decke oder einem Kleidungsstück vor Unterkühlung schützen.
- Im Falle eines Schockes den Hund in Seitenlage bringen.
- Starke Blutungen stillen.
- Überprüfen Sie die Atmung, indem Sie Ihre Wange an die Nasenöffnung des Hundes halten.
- Entfernen Sie gegebenenfalls Erbrochenes, Blut oder Schleim aus dem Maul, indem Sie die Schnauze öffnen und die Zunge etwas herausziehen.
- Fühlen Sie den Puls beim Hund an der Oberschenkelarterie, um den Herzschlag zu prüfen. Mit Ihrem Zeige- und Mittelfinger können Sie an der Innenseite des Oberschenkels die Arterie ertasten. Oder Sie legen Ihre Hand auf den Brustkorb des Hundes.
- Den Hund schonend mittels einer Decke transportieren und sofort zum Tierarzt bringen. Vor allem bei Störung der Atmungs- und Herzfunktion ist rasche Hilfe nötig!
- Bei einer Vergiftung – durch Rattengift, Chemikalien o. Ä. – suchen Sie ebenfalls raschest den Tierarzt auf. Nicht vergessen, falls vorhanden, die Verpackung oder eine Probe der eingenommenen Substanz mitzunehmen. Vergiftungsanzeichen sind u. a.: Erbrechen, Durchfall, Teilnahmslosigkeit, Koordinationsstörungen. (Vergiftungsinformation s. S. 24).
- Bei geschlossenen Verletzungen, wie Prellungen, Verstauchungen und Verrenkungen, die betroffene Stelle ruhig stellen und kühlen. Die Kühlung lindert die Schmerzen und reduziert die Blutergussbildung.
- Auch bei Knochenbrüchen heißt es: zuerst die betroffene Stelle ruhig stellen. Bei längerem Transport eine provisorische Schienung anlegen.

Tipps für die Medikamenteneingabe

- Pillen und Tabletten lassen sich gut im Futter und in Leckerchen „verstecken".
- Bei der Pilleneingabe das Maul öffnen, die Pille weit in den Rachen geben, das Maul schließen und die Kehle massieren, um den Schluckreflex zu fördern.
- Tropfen bzw. flüssige Medikamente niemals in das offene Maul schütten, diese können in die Lunge gelangen! Tropfen mit einer nadellosen Einwegspritze seitlich bei der Lefze langsam einflößen.

Tipps für das Anlegen eines Verbandes

- Schürfwunden benötigen zur Heilung keinen Verband, eine Reinigung mit Desinfektionsmittel ist ausreichend.
- Bei größeren und tiefen Wunden sowie Bisswunden ist ein Verband nötig.
- Verbände dienen zur Blutstillung, zum Schutz gegen Verschmutzung, zur Ruhigstellung und Schmerzlinderung. Und sie verhindern, dass der Hund an der Wunde lecken kann bzw. Keime übertragen werden.
- Anwendung: Zuerst mit einer sterilen Auflage die Wunde abdecken, darauf eine Pols-

terung legen (fest genug, aber nicht die Blutzirkulation beeinflussen!), mit einer Bindeschicht fixieren und mit Heftpflaster festkleben.
- Damit der Hund den Pfotenverband nicht entfernt, muss das Hand- bzw. Sprunggelenk ebenso mitverbunden werden.
- Bei tiefen Wunden wie Bissverletzungen (oberflächlich oft kaum sichtbar!) ist die fachgerechte Versorgung durch den Tierarzt ratsam!
- Ein Druckverband ist dann anzulegen, wenn die Blutung nach spätestens fünf Minuten nicht von selbst aufhört. Anwendung: Eine sterile Wundauflage (Kompresse) direkt auf die Wunde drücken und mit einer elastischen Binde umwickeln, um die Blutung zu stoppen. Bei stark blutenden Wunden an Hals oder Kopf eine sterile Kompresse andrücken und festhalten. Sofort den Tierarzt aufsuchen!

> **Normwerte beim gesunden Hund:**
> Atmung: 10–30 Atemzüge pro Minute
> Puls: 70–160 Schläge pro Minute
> Körpertemperatur: 37,5–39,2 °C (kleine Hunderassen haben eine höhere Körpertemperatur als große Hunde)

Teil 2: Adressen hundefreundlicher Unterkünfte

Allgemeine Information zu den folgenden Unterkünften

In den im Buch angeführten Unterkünften aus 14 Bundesländern – Hamburg und Bremen sind trotz intensiver Recherche leider nicht vertreten – sind Hunde willkommen. Jedoch gibt es darunter einige ausgesprochene Hunde-

destinationen, die besonders auf die Bedürfnisse des Vierbeiners eingehen.
Alle Angaben bei den Unterkünften, so auch die Klassifizierung (u. a. Sterne-Kategorie), erfolgten von den Unterkunftsbetreibern selbst. Die Angaben sind ohne Gewähr. Die Unterkünfte pro Bundesland wurden nach den Postleitzahlen in ansteigender Reihenfolge aufgelistet.
Um aktuelle Preise und nähere Information bezüglich der Unterkünfte (Verpflegung, HP, VP, N, F) zu erfahren, bitten wir Sie, unter den angeführten Kontaktadressen ein Hausprospekt anzufordern. Im Buch steht der Hund als vierbeiniger Gast im Vordergrund, deshalb beziehen sich alle Angaben, die bei den Unterkünften unter „Hunde-Infos" stehen, immer in erster Linie auf den Hund: d. h. unter „Bademöglichkeit" erfahren Sie Badestellen, wo der Hund (ev. mit Herrchen/Frauchen) auch ins Wasser darf und nicht nur der Mensch alleine (ohne Hund). Öffentliche Schwimmbäder und Heilthermen werden also im Buch nicht genannt, da Hunde dort keinen Zutritt haben. Ebenso verhält es sich bei den Ausflugstipps, Wandertipps usw.

Was versteht man unter Hundesitter-Dienst?

Bietet eine Unterkunft einen Hundesitter-Dienst an, bedeutet dies, dass der Hund während Ihrer Abwesenheit liebevoll betreut und Gassi geführt wird. Dies gibt Ihnen die Möglichkeit, bei Bedarf auch ohne Vierbeiner etwas zu unternehmen, beispielsweise einen Citybummel, der Hunden zu langweilig ist, ein abendlicher Theaterbesuch, eine Skitour oder ein Besuch in einer Therme. Als Einleitungstext zu den jeweiligen Bundesländern finden Sie eine kurze Übersichtsinformation des betreffendes Landes vor: Auch hier sind vordergründig Urlaubstipps beschrieben, die für das Beisammensein mit dem Hund geeignet sind. Also bevorzugt Wander- und Radfahrtipps anstelle City-Nightlife oder Kulturevents. Am Ende jeder Länder-Kurzbeschreibung steht die Kontaktadresse der jeweiligen Tourismusinformationsstelle, an die Sie sich mit allen sonstigen Urlaubsfragen wenden können.

Bundesland Baden-Württemberg

Die Namen Schwarzwald, Bodensee, Taubertal oder Schwäbische Alb, die Städte Heidelberg, Baden-Baden, Freiburg und die Landeshauptstadt Stuttgart stehen für Baden-Württemberg. Der Schwarzwald ist für seine romantischen Wiesentäler, Schluchten, Mühlen und Bauernhöfe sowie für seine Kuckucksuhren weltweit bekannt. In einigen Orten lebt die Tradition der kunstvoll bestickten Trachten mit Bollenhut weiter. Rund um den Feldberg (1493 m), den höchsten Berg im Schwarzwald, sowie in zahlreichen Orten im Süd- und Nordschwarzwald ist Wintersport Tradition. Baden-Baden, die elegante Kurmetropole des Schwarzwaldes mit den international bedeutenden Galopprennen und der wohl schönsten Spielbank Europas ist genauso ein Begriff wie Heidelberg mit dem imposanten Schloss und der alten Brücke.
Vor dem Panorama der Alpenkette strahlt der Bodensee mit seinen zahllosen weißen und bunten Segeln im Sommer eine heitere südländische Atmosphäre aus. Beliebtes Ziel am „Schwäbischen Meer" ist die Blumeninsel Mainau des Grafen Bernadotte.
Und wie wäre es mit einer Radtour mit Vierbeiner durchs Land? Mit seinen herrlichen Landschaften, seinem gesunden Klima und einem Netz von gut ausgebauten Radwegen bietet der Südwesten alles, was Radlerherzen höher schlagen lässt. So führt beispielsweise der Neckartalweg, einer von 17 Landesradfernwegen, von Villingen-Schwenningen über Rottenburg, Esslingen,

Stuttgart, Heilbronn bis nach Heidelberg. Der Weg ist gesäumt von Burgen, Ruinen und Schlössern, romantischen Städten und bekannten Weinbergen. Entlang der Strecke laden gemütliche hundefreundliche Gasthöfe zu kleinen Zwischenstopps und kulinarischen Streifzügen durch Baden-Württemberg ein. Unter www.tourismus-bw.de gibt es einen hervorragenden Radtourenplaner, mit dem Sie Strecken und Profile ausfindig machen können.

Entspannung pur bieten die attraktiven Thermal- und Mineralbäder des Landes. Hier kann man einmal richtig abtauchen und sich rundum verwöhnen lassen. Mit seinen fast 60 Heilbädern und Kurorten ist Baden-Württemberg Deutschlands Bäderland „Nummer Eins". Die meisten Wellnesshotels sind unabhängig geprüft und mit dem Qualitätssiegel „Wellness Stars" ausgezeichnet. Für Badeaufenthalte am besten entsprechende Unterkunft mit Hundesitter-Dienst buchen!

Kontakt
Tourismus-Marketing GmbH Baden-Württemberg
Esslinger Straße 8
D-70182 Stuttgart
Info-Hotline: 00 49/18 05/55 66 90
E-Mail: prospektservice@tourismus-bw.de
Internet: www.tourismus-bw.de

Ausflugstipps
Bauernhaus-Museum Wolfegg
D-88364 Wolfegg
Tel.: 0049/7527/9500, Fax: DW 10
E-Mail: info@bauernhaus-museum.de
Internet: www.wolfegg.de
Da viele – auch frei laufende – Tiere anwesend sind, Hunde bitte an die Leine nehmen!

Steinwasen-Park – Tiere hautnah erleben
An der L 126 Oberried-Todtnau
Tel. Todtnau: 0049/7671/9698-0
Tel. Oberried: 0049/7602/944680
E-Mail: info@steinwasen-park.de
Internet: www.steinwasen-park.de
Hunde sind an der Leine im Park erlaubt.

Feriendorf Waldbrunn
Selbstversorgerhäuser

Hölzerlipsweg 98
D-69429 Waldbrunn Waldkatzenbach,
Region Odenwald

Tel. & Fax: 0049/6274/91090
E-Mail: info@feriendoerfer.de
Internet: www.feriendorf-waldbrunn.de

Hunde-Infos
Unterkunft: ruhige Ortsrandlage
Hundedecke/Futternapf a. A.
Unterkunftskosten pro Tag ohne Futter: € 4,–
Erlaubte Hundeanzahl pro Gast: 1
Hundesitter-Dienst: nein
Auslaufmöglichkeit/Spazierweg: direkt am Feriendorf
Radweg/Langlaufloipe: ja
Hundefreundliches Lokal: Gasthaus Chattenstube (5 Min.)
Tierarzt: Podestra, Friedrichsdorfer Landstraße 69, D-69412 Eberbach (10 km)

Karolinenhof (Gästepension)

Steinbrück 8a
D-74535 Mainhardt, Region Landkreis
Schwäbisch Hall/
Schwäbisch-Fränkischer Naturpark

Tel.: 0049/7903/932252, Fax: DW 932254
E-Mail: info@karolinenhof.net
Internet: www.karolinenhof.net

Hunde-Infos
Unterkunft: ruhige Alleinlage am Waldrand; Haustiere: Pferde, Ponys, 3 Hunde, 4 Stallkatzen, 2 Ziegen, 4 Hängebauchschweine, Kaninchen; Hundedecke/Futternapf a. A. Unterkunftskosten pro Tag ohne Futter: € 10,–, Futter a. A. Mitnahme in den Speiseraum möglich: ja. Erlaubte Hundeanzahl pro Gast: 2. Hundesitter-Dienst: ja, bei vorheriger Absprache. Auslaufmöglichkeit: direkt vor dem Haus Wiesen, Felder und Wald oder im eingezäunten Garten. Spazierweg: Limeslehrpfad (200 m), befestigte Wald- und Feldwege, mehrstündige Spaziergänge möglich, waldreiche Gegend.
Bademöglichkeit: kleine Flüsse
Langlaufloipe: bei Schnee gespurte Langlaufloipen in Hofnähe
Ausflugstipp: Freilandmuseum Wackershofen bei Schwäbisch Hall
Hundeschule/Agility: Hundeschule Mai in Schwäbisch Hall-Sulzdorf,
Tel. 0049/7907/943826 (20 km), komplettes Kursangebot vom Welpenkurs über Früherziehung, Obedience, Dog Dance, Kind- und Hund-Kursen, Hundefrisör, Infos unter www.hundeschule-mai.de
Tierarzt: Dr. med. vet. Victor Klein, Keltenring 12, D-74535 Mainhardt,
Tel. 0049/7903/91410 oder 0049/7903/932252

Kleinenzhof ***** Campingplatz

Kleinenzhof 1
D-75323 Bad Wildbad, Region
Schwarzwald (Nordschwarzwald)

Tel.: 0049/7081/3435, Fax: 0049/7081/3770
E-Mail: info@kleinenzhof.de
Internet: www.kleinenzhof.de

Hunde-Infos
Unterkunft: Waldrandlage am Fluss der kleinen Enz; Tiere: Hirsche und Hund
Unterkunftskosten pro Tag ohne Futter: Hotel Fewo HS € 3,–, NS € 2,90, Camping € 1,90
Mitnahme in den Speiseraum möglich: ja
Erlaubte Hundeanzahl pro Gast: 1 Hund, mehrere auf Anfrage
Hundesitter-Dienst: nein
Auslaufmöglichkeit: Waldnähe
Spazierweg: schöne Wandermöglichkeiten nach Bad Wildbad, nach Calmbach (Wanderkartenverkauf)
Bademöglichkeit: auf dem Gelände am angestauten Fluss, Badesee Erzgrube (30 km), Schwarzenbachtalsperre (44 km)
Radweg: schönes Mountainbikenetz direkt ab der Anlage (Radkartenverkauf)
Langlaufloipe: nächste Langlaufloipe 10 km entfernt
Ausflugstipp: Burgruine Zavelstein, Waldlehrpfad ab Anlage und in Enzklösterle
Tierarzt: Beate Kaiser, Kernerstr. 211, D-75323 Bad Wildbad (9 km), Tel. 0049/7081/3464
Hunde-Extra: Hundedusche, geführte Wanderungen, Wassernapf beim Eingang, Erklärung der Rundwege (Gassigang)

Hotel Werneths Landgasthof Hirschen **

Hauptstraße 39, D-79365 Rheinhausen, Region Südbaden/Breisgau

Tel.: 0049/7643/6736, Fax: 0049/7643/40389
E-Mail: info@wernethslandgasthof.de
Internet: www.wernethslandgasthof.de

Hunde-Infos
Unterkunft: Lage ca. 1,5 km vom Rhein/Rheinwald entfernt; Futternapf a. A.,
Unterkunftskosten pro Tag ohne Futter: kostenlos
Mitnahme in den Speiseraum möglich: ja. Erlaubte Hundeanzahl pro Gast: ca. 2
Hundesitter-Dienst: auf Anfrage im Haus bzw. auch professionelle Hundepension in Ettenheim, ca. 8 km entfernt (z. B. für Tagesunterbringung beim Besuch des Europa-Parks in Rust). Auslaufmöglichkeit/Spazierweg/Radweg: Wiesen in der Nähe, Hotellage nur 1,5 km vom Rhein entfernt mit vielen Rad-/Wanderwegen entlang des Rheins
Bademöglichkeit: diverse Badeseen in der Umgebung (1–2 km), Leopolds-Kanal
Hundefreundliches Lokal: unsere Gaststätte, weitere Gaststätten in näherer Umgebung
Hundeschule/Agility: in Kenzingen (ca. 5 km)
Tierarzt: Dr. Günther Kollofrath, Rathausstraße 28, D-77966 Kappel-Grafenhausen (ca. 8 km)

Schwarzwaldhaus Rita (Familie Stubenhofer)

Fahl 8, D-79674 Todtnau, Region Todtnauer Ferienland/Feldberg

Tel.: 0049/2333/76616, Fax: 0049/2333/73276, Mobil: 0049/172/7199866
E-Mail: mail@schwarzwaldhaus-rita.de
Internet: www.schwarzwaldhaus-rita.de

Hunde-Infos

Unterkunft: Lage am Rande eines Naturschutzgebietes, direkt am Gebirgsbach Unterkunftskosten pro Tag ohne Futter: € 2,50. Mitnahme in den Speiseraum möglich: in der „Schwarzwaldstube" (Leine). Erlaubte Hundeanzahl pro Gast: auf Anfrage (abhängig von Größe/Rasse). Hundesitter-Dienst: zurzeit nicht. Auslaufmöglichkeit: in der direkten Umgebung des Grundstücks (Wälder). Spazierweg: Routen mit herrlichem Panoramablick, Feldberg (1495 m), geführte Husky-Wandertouren (Termine: Tourist Information, Tel. 0049/7655/8019), Feldberger Hüttentouren, Feldberg-Schluchsee, Fahrer Wasserfall. Radweg: alle Wege ab 2 m Breite im Todtnauer Ferienland. Langlaufloipe: ca. 200 km Langlaufloipen. Hundefreundliches Lokal: Gasthaus „Lawine". Ausflugstipp: Tierpark „Mundenhof" in Freiburg (auch für Hunde). Hundeschule/Agility: Verein für Hundefreunde Todtnau e.V., Hunde-Übungsplatz im Ort, Tel. 0049/7671/95312. Tierarzt: Dr. Gudrun Horn, Schönenbergstraße 1, D-79677 Schönau, Tel. 0049/7673/388 (ca. 5 km)

Landhaus Waldheim

Tiroler Str. 14, D-79848 Bonndorf-Holzschlag, Region Südschwarzwald

Tel.: 0049/7653/502, Fax: 0049/7653/9380
E-Mail: info@waldheim-schwarzwald.de
Internet: www.hundefreundlicheshotel.de

Hunde-Infos

Unterkunft: ruhige Waldrandlage; Haustiere: Hund „Dolly" (Mischling, weibl.), zwei Katzen, Forellen und Karpfen; Futternapf vorhanden, Hundebett a. A. Unterkunftskosten pro Tag ohne Futter: keine. Mitnahme in den Speiseraum möglich: zwei Speiseräume (ein Speiseraum mit Hund und einer ohne Hund). Erlaubte Hundeanzahl pro Gast: 3. Hundesitter-Dienst: nein. Auslaufmöglichkeit: direkt ab Haus Wanderwege (Wald- und Wiesenwege), eigene große Hundespielwiese (35.000 m²). Spazierweg: Wandermöglichkeiten im Südschwarzwald, Naturschutzgebiet Wutachschlucht (direkt ab Haus), Wanderwege Schluchsee, Titisee, Feldberg, Höhenwanderwege. Bademöglichkeit: am Haus im eigenen Hundeweiher, im Schluchsee (8 km). Radweg: ab Haus, Bähnleradweg Bonndorf-Lenzkirch, Radweg um den Schluchsee. Hundefreundliches Lokal: Gasthaus Reichenbächle, Bonndorf-Holzschlag (10 Gehmin.).
Ausflugstipp: Rheinfall, Todtnauer Wasserfall, Triberger Wasserfall, Vogtsbauernhöfe (Freilichtmuseum), Feldberg (Kabinenbahn, Hunde erlaubt). Hundeschule/Agility: eigener Agility-Parcours. Tierarzt: Tierarztpraxis Dr. Schnellbach u. Schreiber, Donaueschinger Str. 8, D-79848 Bonndorf, Tel. 0049/7703/933955. Hunde-Extra: Hundekurse (Agility, Sanitätshunde), Hundeshop, Hundespielwiese, Hundebar mit frischem Quellwasser.

Ferienhof Jehle, Urlaub auf dem Bauernhof, Ferienwohnungen

Illmenseestraße 14
D-88271 Wilhelmsdorf-Pfrungen,
Region Oberschwaben

Tel. & Fax: 0049/7503/684
E-Mail: ferienhof-jehle@gmx.de
Internet: www.ferienhof-jehle.2xt.de

Hunde-Infos
Unterkunft: Ortsrandlage
Unterkunftskosten pro Tag ohne Futter: kostenlos
Erlaubte Hundeanzahl pro Gast: nach Absprache
Hundesitter-Dienst: nach Absprache
Auslaufmöglichkeit/Spazierweg/Radweg: direkt ab Haus möglich
Langlaufloipe: bei Schneelage
Hundefreundliches Lokal: Gasthof „Goldenes Kreuz", Pfrungen (100 m)
Ausflugstipp: Naturschutzzentrum „Pfrunger Ried"
Hundeschule/Agility: Schäferhundeverein Illmensee
Tierarzt: TA Anatol Kirsch, Wilhelmsdorf, Tel. 0049/7503/1616 (4 km)

Hotel am Schlossberg **HRS

Kirchsteige 6
D-88289 Waldburg, Region Bodensee-Oberschwaben

Tel.: 0049/7529/3699, Fax: 0049/7529/3706
E-Mail: zinsberger-schlossberg@t-online.de
Internet: www.e-biz.de/reisen/waldburg.htm

Hunde-Infos
Unterkunft: Lage am Fuße der Ritterburg Waldburg
Haustiere: 2 „Kampfkatzen"
Unterkunftskosten pro Tag ohne Futter: keine
Mitnahme in den Speiseraum möglich: ja
Erlaubte Hundeanzahl pro Gast: beliebig
Hundesitter-Dienst: nein
Auslaufmöglichkeit: Waldnähe, Spazierweg HW 4 führt am Haus vorbei
Ausflugstipp: Ritterburg Waldburg, guter Ausgangspunkt für Ausflüge rund um den Bodensee, Schweizer Alpen oder Allgäu
Tierarzt: im Ort, Hundeklinik in Gullen (10 Min.)

Baden-Württemberg

**Landhaus Schmidmeister,
3 Ferienwohnungen**

Wahlweiler 6a
D-88693 Deggenhausertal,
Region Bodenseekreis

Tel. 0049/7555/1397, Fax: 00497555/9295907
E-Mail: catterfeld@gmx.de
Internet: www.landhaus-bodensee.de

Hunde-Infos
Unterkunft: Alleinlage inmitten von Wiesen
Haustiere: 2 Hunde, 1 Katze. Hundedecke/Futternapf a. A.
Unterkunftskosten pro Tag ohne Futter: keine
Erlaubte Hundeanzahl pro Gast: bis 3 Hunde pro Wohnung
Hundesitter-Dienst: € 5,– pro ganzem Tag, kurzzeitig kostenlos
Auslaufmöglichkeit/Spazierweg: Wanderweg ab Haus, am Haus keine Leine nötig
Bademöglichkeit: Illmensee (6 km, nicht im Freibadgelände), Bodensee in Hagnau, Überlingen ohne Eintritt. Radweg: teilweise vorhanden
Langlaufloipe: gleich hinter dem Haus. Hundefreundliches Lokal: Restaurant Linde (1 km)
Hundeschule/Agility: Hundeschule Di Palma (1 km, siehe Kasten), Komplettangebote (Aktiv mit Hund, Hundeerziehung und wohnen), Einzel- und Gruppenunterricht
Tierarzt: Dr. med. vet. Manfred Schumacher, D-88677 Markdorf, Tel: 0049/7544/71802
Hunde-Extra: Besichtigung des Gnadenhofs von Frau Christiane Rohn, bekannt als Hundeflüsterin aus dem Fernsehen (siehe Kasten, S. 36)

Hundesitter-Dienst in Hunde-Pension

Dieses Angebot beinhaltet die Betreuung und Pflege der Hunde während der Abwesenheit ihrer Besitzer in der Hundeschule. Die Hunde werden, Verträglichkeit vorausgesetzt, im Familienalltag voll integriert. Die Hunde haben mehrmals täglich die Möglichkeit, sich auf dem 6000 m² großen Gelände frei zu bewegen. Während den täglichen Spaziergängen lernen sie stressfrei und zuverlässig, auch mit mehreren Hunden gleichzeitig, spazieren zu gehen. Die Besitzer haben die Möglichkeit, alle individuellen Informationen über die Gewohnheiten ihres Hundes zu nennen, damit der Hund sich möglichst „zu Hause" fühlt. Dabei wird sowohl auf die Fütterung sowie auf den Hund gewohnten Tagesabläufe eingegangen, soweit dies in den Tagesablauf integrierbar ist. Wenn der Hund außer einem guten Pensionsplatz auch eine Auffrischung seiner Grundkenntnisse, die Abgewöhnung gewisser Unarten oder eine solide Grundausbildung nötig haben sollte, so empfiehlt sich das „Ausbildungs-Internat".
Im Angebot: Hundepension – Hundesitterdienst bei Bedarf auch stundenweise, Problemhund-Therapie, Ausbildungsprogramm (Einzelstunden, Gruppenkurse).

Kontakt: Hundeschule Di Palma, Giovanni Di Palma
Azenweiler 7, D-88693 Deggenhausertal
Tel. 0049/7555/919633, Fax: 0049/7555/919634,
Mobil: 0049/174/9032857
E-Mail: info@hundeschule-dipalma.de
Internet: www.hundeschule-dipalma.de

Hundefreundliche Unterkünfte

Hundeflüsterin Christiane Rohn

Einmalig in ganz Deutschland kümmert sich dieser Gnadenhof im Allgäu fast ausschließlich um „gefährliche Hunde" und aggressive sowie schwer misshandelte Tiere. Geleitet wird dieses Projekt von Christiane Rohn, die ihre Energie und vor allem ihr Können seit über 16 Jahren erfolgreich in die Arbeit mit verhaltensauffälligen Tieren investiert.

Bisher hat sich Christiane Rohn mit über 3000 Schicksalen von Hunden auseinander gesetzt. Mit Ruhe, Konsequenz und natürlicher Autorität gelingt es ihr, aus den früheren wilden Kerlen, die von der Polizei mit Fangstangen in die Zwinger getrieben wurden, zutrauliche, oft über die Maßen zärtliche Tiere zu machen, die ihr Leben auf dem Gnadenhof genießen und niemandem mehr etwas zu Leide tun. Im Grunde hat Christiane Rohn die besondere Gabe, den Tieren durch Körpersprache und Verständnis ungeahnte Geborgenheit und ein neues Selbstwertgefühl zu vermitteln. Viele der Tiere können nach intensiver Arbeit sogar wieder an erfahrene Hundebesitzer abgegeben werden. Angeboten werden neben einer Gandenhof-Besichtigung Seminare wie beispielsweise „Die Angst bei Hunden – Wann beißt der Hund aus Angst?" sowie weitere zum Thema „Problemhund". Ebenso erhältlich ist ihr Buch „Man nennt mich Hundeflüsterin – Die Geheimnisse der Verständigung mit dem Tier", ComArt Verlag, Schweiz.

Kontakt: Gnadenhof „Lebenswürde für Tiere e.V.", Christiane Rohn
D-88279 Amtzell, Argenhof
Tel. 0049/7522/7079670, Fax: 0049/7522/7079676
E-Mail: info@der-gnadenhof.de, gnadenhof.christiane.rohn@t-online.de
Internet: www.der-gnadenhof.de

Johanniter-Bildungszentrum Wertheim

Frankensteiner Straße 4a
D-97877 Wertheim,
Region Main-Tauber

Tel. & Fax: 0049/9342/911020
E-Mail: info-wertheim@juh-bw.de
Internet: www.johanniter.de

Hunde-Infos
Unterkunft: ruhige Zentrumslage oberhalb des Mains; Hundedecke/Futternapf im Zimmer
Unterkunftskosten pro Tag ohne Futter: keine, Futter a. A.
Erlaubte Hundeanzahl pro Gast: 2
Auslaufmöglichkeit/Spazierweg: direkt vor dem Haus
Bademöglichkeit: Main (200 m)
Tierarzt: Dr. Fellmer, Uihleinstraße 11, D-97877 Wertheim

Ferienwohnung Haus am Ghäuberg

Von-Hatzfeldstrasse 51
D-97990 Weikersheim-Laudenbach,
Region Main-Tauber-Kreis

Tel.: 0049/7934/650, Mobil: 0049/171/8765611,
Fax: 0049/7934/993825
E-Mail: constanze_paul@web.de

Hunde-Infos
Unterkunft: ruhige Ortsrandlage mit Auslaufmöglichkeit; Hundedecke/Futternapf a. A.
Unterkunftskosten pro Tag ohne Futter: € 2,50
Erlaubte Hundeanzahl pro Gast: 2. Hundesitter-Dienst: Gassi führen möglich
Auslaufmöglichkeit: sehr großer eingezäunter Garten, Weinberge in unmittelbarer Nähe, Wald (1000 m)
Spazierweg/Radweg: verschiedene Radwege ab Haus: Hohenloher Residenzweg, Wander- und Radwege Liebliches Taubertal und Fränkischer Radachter
Bademöglichkeit: kleinere Seen in der Umgebung. Hundefreundliches Lokal: Gasthaus zur Krone, Gasthaus zur Traube, Bergwirtschaft (alle ca. 1 km). Tierarzt: 2 km entfernt

Ferienwohnungen Familie Alberth

Kirchstrasse 8
D-97990 Weikersheim, Region Tauberfranken

Tel. & Fax: 0049/173/6639 585
E-Mail: m_alberth@yahoo.de
Internet: www.schlossblick-alberth.de

Hunde-Infos
Unterkunft: Lage in historischer Altstadt beim Marktplatz
Hundedecke/Futternapf a. A.
Unterkunftskosten pro Tag ohne Futter: € 10,–
Futter a. A. € 5,– bis € 10,–/Tag
Mitnahme in den Speiseraum möglich: ja. Erlaubte Hundeanzahl pro Gast: 1
Hundesitter-Dienst: nein. Auslaufmöglichkeit: Wiesen (600 m)
Spazierweg: direkte Anbindung an 12 gut markierte Wanderwege rund um Weikersheim
Bademöglichkeit: Tauber (200 m), Herrenzimmerer See (ca. 12 km), Münstersee bei Creglingen (ca. 15 km), Hollenbacher See (ca. 17 km), Rinderfelder See (ca. 23 km)
Ausflugstipp: Weinproben im Fürstlichen Weingut im Schloss Weikersheim, Schlosspark mit Orangerie (Leine), Wildpark Bad Mergentheim (Leine), Freilichtmuseum Wackershofen-Schwäbisch Hall und Bad Winsheim (Leine). Hundeschule/Agility: Hundeverein, Bad Mergentheim, Tel. 0049/7931/3840 (8 km). Tierarzt: Drs. Schindler Richard und Astrid Haeger, Rüsselhausen, Tel. 0049/7934/403 (8 km)

Ausflugstipp
Wildpark Bad Mergentheim, D-97980 Bad Mergentheim
Tel. 0049/7931/41344, Fax: DW 4426
E-Mail: info@wildtierpark.de   Internet: www.wildtierpark.de
Im Park ist das Mitführen von Hunden erlaubt.

Bundesland Bayern

Bayerische Lebensart ist Trumpf: Bayern bleibt unangefochten die Nummer eins unter den Tourismus-Destinationen in Deutschland. Das Land zwischen Coburg und Kempten und zwischen Würzburg und dem Wetterstein-Gebirge bietet eine Angebotsvielfalt, die in Deutschland ihresgleichen sucht: Berge und Wälder, Seen und Flüsse, Ebenen und alpine Höhen. Darin verpackt Natur pur, Kultur, Tradition, Moderne, aber auch Szene, Lifestyle und jede Menge Erlebnistourismus. Ein Viertel aller Übernachtungen in Deutschland entfällt auf Bayern – das entspricht mehr als 100 Millionen Übernachtungen (inklusive Privatzimmer und Anbieter von „Urlaub auf dem Bauernhof") pro Jahr. Das große Plus: In Bayern bucht der Urlauber seine Reise ganz nach dem persönlichem Geschmack, und auch für Urlauber mit Hund ist Bayern eine Reise wert: Natur pur zum Erschnüffeln und Erleben.
Die landschaftliche Schönheit in den zwei Nationalparks, 542 Naturschutzgebieten und 504 Landschaftsschutzgebieten lässt sich auf Beinen und Pfoten erkunden! Zahlreiche Seen – insgesamt 1600 Seen und Seengruppen – laden zum Baden für Hund und Herrchen ein. Mit den vier Urlaubsregionen Allgäu/Bayerisch-Schwaben, Franken, München-Oberbayern und Ostbayern zeigt sich Bayern dabei als ideales Ganzjahres-Urlaubsland.
Als traditionsreiches Land von europäischem Rang verfügt Bayern über ein reiches kulturelles Erbe. Rund 1100 Sammlungen und Museen werden jedes Jahr von rund 20 Millionen Gästen besucht. 218 bespielte Theater, Opern-,

Operetten- und Musicalhäuser – davon über 30 mit eigenem Ensemble – gehören zum kulturellen Angebot. Internationale Akzente setzen die zahlreichen Festspiele und Musikwochen in der Theater- und Musikwelt. Herausragend sind die Richard-Wagner-Festspiele in Bayreuth und die Opern-Festspiele der Bayerischen Staatsoper in München. Auch die Landshuter Hochzeit oder die Oberammergauer Passionsspiele begeistern Besucher aus allen Teilen der Welt. Tipp: Hundesitter-Dienst in der Unterkunft für kulturelle Ausflüge beanspruchen!
An den bayerischen „Themenstraßen" sind Hunde auch willkommen: Die Romantische Straße, die Alpenstraße, die Glasstraße, die Burgenstraße, die fränkische Bierstraße und die Westallgäuer Käsestraße, die Porzellanstraße sowie die Straße der Kaiser und Könige verbinden die Highlights bedeutender Regionen des Freistaates.

Kontakt

Bayern Tourismus Marketing
Leopoldstraße 146
D-80804 München
Tel.: 0049/89/212397-0, Fax: DW 99
E-Mail: tourismus@bayern.info
Internet: www.bayern.by

Baden an Hundeständen

Hundestrand in Rottach-Egern:
Hier wurde eigens für Hunde ein Hundestrand am Rande der Popperwiese eingerichtet. Hundekot-Entsorgungssets sind kostenlos im Kuramt sowie an den aufgestellten Hundetoiletten erhältlich. Hundgerechter Auslauf ist abgesehen vom Hundestrand auch auf den grünen Außenflächen am Ortsrand möglich.

Kontakt

Tourist-Information Rottach-Egern
Nördliche Hauptstraße 9
D-83700 Rottach-Egern
Tel.: 0049/8022/6713-41, Fax: 0049/8022/671347
E-Mail: info@rottach-egern.de
Internet: www.rottach-egern.de

Hundestrand am Untreusee:
Am Untreusee in Hof gibt es einen Hundebadestrand, nämlich eine Liegewiese, die regelmäßig gemäht wird, rund 400 Meter lang und 5 bis 25 Meter breit ist. Das Ufer ist an der gesamten Länge mit großen Steinen versehen, der Zugang ins Wasser erfolgt über drei an verschiedenen Stellen errichteten Treppen. Der Badestrand ist als Hundestrand mittels Schilder kenntlich ge-

macht und befindet sich gleich im Anschluss an den Staudamm am südöstlichen Ufer entlang des Rundwanderweges. Außerhalb des Hundebadestrandes sind Hunde an den Liegewiesen und im Wasser nicht zugelassen.

Kontakt

Stadt Hof – Sachgebiet Abwasserbeseitigung und Untreusee
Klosterstraße 1
D-95028 Hof
Tel.: 0049/9281/815-586, Fax: 0049/9281/815-87-586
E-Mail: post@stadt-hof.de
Internet: www.stadt-hof.de

Hundesitter-Dienst im Hundehotel Satke

Wenn Herrchen oder Frauchen im Urlaub einen Tag (oder länger) alleine beispielsweise auf Kultur- oder Sightseeingtour unterwegs sein möchten, fühlt sich der Vierbeiner im Hundehotel von Markus Satke (25 bis 45 Minuten von der Stadt München entfernt) wohl. Hier gibt es keine Zwinger oder Boxen, sondern große, helle, beheizte Zimmer, in denen Hunde eine ähnliche Atmosphäre vorfinden wie zu Hause. Alle Zimmer haben Türen aus Sicherheitsglas, damit kein Hund sich eingesperrt fühlt und den Tagesablauf stets mitverfolgen kann. Bis zu drei Stunden täglich sorgt ein buntes Spiel- und Animationsprogramm im ca. 4000 m² großen Hotelgarten für Abwechslung. Im Internet können die Hundebesitzer mittels VipClip während der Abwesenheit ihren Hund anhand eines Passwortes „besuchen".
Im Angebot: Hundesalon (Fellpflege), Ernährung (Diät auf Wunsch), Fitness (u. a. Flyball, Agility), Hundeinternat (Ausbildung), Shuttle-Service (Hundabholung von zu Hause). Gerne können Sie das Hotel 365 Tage im Jahr besichtigen – Hunde werden auch stunden- oder tageweise aufgenommen.

Kontakt

Hundehotel Satke
Feuerhausstraße 7 a
D-82269 Hausen bei Geltendorf
Tel.: 0049/8193/999503, Fax: 0049/8193/950753
E-Mail: kontakt@hundehotel-satke.de
Internet: www.hundehotel-satke.de

Hotel Laimer Hof am Schloss ***

Laimer Strasse 40
D-80639 München

Tel.: 0049/89/178038-0, Fax: 0049/89/1782007
E-Mail: info@laimerhof.de
Internet: www.laimerhof.de

Hunde-Infos

Unterkunft: Lage direkt am Schloss Nymphenburg, extrem ruhig, ideal für Hundespaziergang, hinter dem Schloss große Wiesen (Freilauf) und Hundetreff
Hundedecke/Futternapf: a. A.
Haustiere: Zwerghase „Momo", Pudelkatze „Benny", Labrador Mischling „Dicky"
Unterkunftskosten pro Tag ohne Futter: € 5,–, Futter a. A.
Mitnahme in den Speiseraum möglich: ja
Erlaubte Hundeanzahl pro Gast: unbegrenzt
Hundesitter-Dienst: ja
Auslaufmöglichkeit/Spazierweg: direkt im Schlosspark bzw. auf den weitläufigen Wiesen hinter dem Schloss – Hundetreff!
Bademöglichkeit: nur für Hunde mehrere Seen im Schlosspark
Radweg: in gesamt Nymphenburg, eigener Fahrradverleih
Langlaufloipe: hinter dem Schlosspark auf den weitläufigen Wiesen
Ausflugstipp: Starnberger See, Ammersee. Tierarzt: Ingrid Kronberger, Richilden Straße 39, D-80639 München, Tel. 0049/89/171972 (1 Gehmin.)
Hunde-Extra: Hotelpächter sind Hundebesitzer und wissen über die Hundeaktivitäten in München bestens Bescheid

Hundefreundliche Unterkünfte

Hotel Nymphenburg ***
Nymphenburger Straße 141
D-80636 München

Tel.: 0049/89/121597-0, Fax: DW 182540
E-Mail: info@hotel-nymphenburg.de
Internet: www.hotel-nymphenburg.de

Hunde-Infos
Unterkunft: Lage im Zentrum
Unterkunftskosten pro Tag ohne Futter:
keine, Futter a. A.
Mitnahme in den Speiseraum möglich: ja
Erlaubte Hundeanzahl pro Gast: beliebig
Hundesitter-Dienst: nein
Auslaufmöglichkeit/Spazierweg/Radweg: ja

Gästehaus Traudl Graf ** / ***
Berchtesgadener Straße 21
D-83451 Piding, Region Oberbayern

Tel. & Fax: 0049/8651/65488
E-Mail: gaestehaus@zimmer-graf.de
Internet: www.zimmer-graf.de

Hunde-Infos
Unterkunftskosten pro Tag ohne Futter:
keine
Mitnahme in den Speiseraum möglich: ja
Erlaubte Hundeanzahl pro Gast: 1
Hundesitter-Dienst: nein
Auslaufmöglichkeit/Spazierweg/Radweg: ja
Tierarzt: Tierärztliche Gemeinschaftspraxis Gödde, Steger & Steger, Heurungstraße 10, D-83451 Piding, Tel. 0049/8651/78878 (650 m)

Hundesporthotel Wolf

Dorfstraße 1
D-82487 Oberammergau,
Region Oberbayern

Tel.: 0049/8822/9233-0, Fax: 0049/8822/9233-33
E-Mail: info@hotel-wolf.de
Internet: www.hotel-wolf.de

Hunde-Infos

Unterkunft: Lage zentral; Haustiere: 2 Deutsche Schäferhündinnen, 1 Golden Retriever Hündin. Hundedecke/Futternapf im Zimmer
Unterkunftskosten pro Tag ohne Futter: kostenlos, Futter a. A.
Mitnahme in den Speiseraum möglich: ja. Erlaubte Hundeanzahl pro Gast: unbegrenzt
Hundesitter-Dienst: a. A.
Auslaufmöglichkeit: 200 m entfernt vom Hotel an der Ammer entlang
Spazierweg: Oberammergau-Unterammergau: Altherrenweg (ca. 3 Std.), Oberammergau – Ettal: Vogelherdweg (ca. 1,5 Std.), Oberammergau – Linderhof: Sonnenweg (ca. 5 Std.)
Bademöglichkeit: im Gebirgsbach Ammer
Radweg: vorhanden, kostenloser Fahrradverleih. Hundefreundliches Lokal: im Haus
Ausflugstipp: Gröbl-Alm, Romanshöhe, Ettaler Mühle, Schlosspark Linderhof
Tierarzt: Josef Köpf (im Ort)
Hunde-Extra: Ganzjährig Seminare bzw. Allroundwochen rund um den Hund mit namhaften Trainern (Agility, Obedience, Dogdancing, Unterordnung, Clicker, THS, TT.E.A.M., DiscDog, Hundemassage u.m.), 2 hoteleigene Hundesporthallen (15 x 30 m), 1 Übungsplatz (1500 m^2), 3 Agility Parcours, Flyballgeräte, THS Geräte. Hundephysiotherapie, Massagen, Magnetfeldtherapie u. v. m. Unterwasserlaufband, Hundedusche, Hundehandtücher, Hundeshop, kostenloser Videoverleih (Videos rund um den Hund wie Unterordnung, Agility, Obience, Dogdancing u. v. m.)

Hotel am Taubensee ***s

Knogl 11
D-83324 Ruhpolding, Region Chiemgau

Tel.: 0049/8663/88070, Fax: 0049/8663/880740
E-Mail: hotel_am_taubensee@t-online.de
Internet: www.hotel-am-taubensee.de

Hunde-Infos

Unterkunft: Einzellage inmitten der Natur. Haustiere: 2 Shitsu Hunde, 1 Katze
Unterkunftskosten pro Tag ohne Futter: keine
Mitnahme in den Speiseraum erlaubt: ja. Erlaubte Hundeanzahl pro Gast: 2
Hundesitter-Dienst: nein
Auslaufmöglichkeit/Spazierweg: Wanderwege bis auf die Berge u. in die nächsten Täler
Bademöglichkeit: im Taubensee (Natursee). Radweg/Langlaufloipe: ja
Hundeschule/Agility: in Grassau (15 km). Tierarzt: in Ruhpolding-Dorf (3 km)

Ferienwohnung Glockenschmiede
Martin Ullrich

Haßlberg 6
D-83324 Ruhpolding

Tel. 0049/8663/2309, Fax: 0049/8663/2306
E-Mail: glockenschmiede@t-online.de

Hunde-Infos
Unterkunft: ruhige Lage in freier Natur
Haustiere: im Haus nebenan Pferde, Hund
Unterkunftskosten pro Tag ohne Futter: keine, aber Kaution von € 50,–
Erlaubte Hundeanzahl pro Gast: 1–3 im Häuschen
Hundesitter-Dienst: nein
Auslaufmöglichkeit: direkt ab Haus, Wald und Wiese
Spazierweg: Wander- und Bergtouren beginnend ab Haus
Bademöglichkeit: Bach am Haus, Drei-Seen-Gebiet: Hunde dürfen hier außer an den Hauptbadeplätzen baden, Naturschutzgebiet zw. Ruhpolding und Reit im Winkl (Lödensee, Mittersee, Weitsee, 10 km) – auch per Fahrrad auf Forststraße durch wunderschöne Landschaft erreichbar
Ausflugstipp: Rauschbergbahn, Chiemsee, Salzburg
Hundeschule/Agility: in Traunstein, Schäferhundeclub
Tierarzt: Dr. Hallweger (500 m)

Hotel Haus Rheinland **

Münchnerstraße 5
D-83707 Bad Wiessee,
Region Tegernseer Tal

Tel.: 0049/8022/81274, Fax: 0049/8022/85342
E-Mail: info@haus-rheinland.de
Internet: www.haus-rheinland.de

Hunde-Infos
Unterkunft: ruhige Lage im Zentrum, Seepromenade (1 Min.). Haustiere: Golden Retriever, Berner Sennenhund-Mischling
Unterkunftskosten pro Tag ohne Futter: € 2,50
Mitnahme in den Speiseraum möglich: ja
Erlaubte Hundeanzahl pro Gast: 2
Hundesitter-Dienst: nach Absprache
Auslaufmöglichkeit: Wald und Wiesen (5 Gehmin.)
Spazierweg: auf die Aueralm, zum Bauern in der Au, Bad Wiesseer Höhenweg
Bademöglichkeit: im Tegernsee (100 m) (s. Hundestrandinfo Rottach Egern, S. 39)
Langlaufloipe: in Bad Wiessee (10 Gehmin.)
Tierarzt: Dr. S. Gordon, Schildensteinweg 6, Rottach-Egern, Tel. 0049/8022/67676 (5 km)

Bayerischer Hof **** „First Class" (nach Dehoga)

Füssener Straße 96
D-87437 Kempten, Region Allgäu

Tel.: 0049/831/57180, Fax: 0049/831/5718100
E-Mail: hotel@bayerischerhof-kempten.de
Internet: www.bayerischerhof-kempten.de

Hunde-Infos
Unterkunft: Altstadtrandlage
Unterkunftskosten pro Tag ohne Futter: € 6,–
Mitnahme in den Speiseraum möglich: im Frühstücksraum leider nicht möglich
Erlaubte Hundeanzahl pro Gast: 2
Hundesitter-Dienst: nein
Auslaufmöglichkeit: im Engelhaldepark in der Nähe
Spazierweg/Radweg: im Engelhaldepark oder Illerradwanderweg
Tierarzt: Dr. Peter Steinhauser, Lenzfrieder Str. 57, D-87437 Kempten, Tel. 0049/831/770102

smartMOTEL **

Edisonstraße 4
D-87437 Kempten, Region Allgäu

Tel.: 0049/831/200600, Fax: 0049/831/2006060
E-Mail: info@smartmotel.de
Internet: www.smartmotel.de

Hunde-Infos
Unterkunft: ruhige Lage mit vielen Auslaufmöglichkeiten
Unterkunftskosten pro Tag ohne Futter: € 3,–
Mitnahme in den Speiseraum möglich: kleine Hunde
Erlaubte Hundeanzahl pro Gast: 2
Hundesitter-Dienst: nein
Auslaufmöglichkeit/Spazierweg: Wiese nebenan. Spazierweg: an der Iller
Bademöglichkeit: viele Seen in der Nähe, z. B. Rottachspeicher, Niedersonthofener See, Forgensee (Füssen), Öschlesee
Hundeschule/Agility: Gabis Hundesalon, Tel. 0049/831/18652
Tierarzt: Dr. Peter Steinhauser, Lenzfrieder Str. 57, D-87437 Kempten, Tel. 0049/831/770102

Ferienwohnungen Verena Hiller

Jörgstraße 16
D-87509 Immenstadt-Stein,
Region Allgäu

Tel.: 0049/8323/2498, Fax: 0049/8323/9899066
E-Mail: verena.hiller@t-online.de
Internet: www.ferienwohnungen-hiller.de

Hunde-Infos
Unterkunft: Ortsrandlage, ruhig; Futternapf im Zimmer
Unterkunftskosten pro Tag ohne Futter: € 3,–, Endreinigung zusätzlich € 11,–
Erlaubte Hundeanzahl pro Gast: 1
Hundesitter-Dienst: ja, gratis. Auslaufmöglichkeit: nur an der Leine
Spazierweg/Radweg: Wanderweg beginnt 300 m vor dem Haus und führt als „Illerdamm" bis nach Oberstdorf: auf ebenem Weg kann man neben der Iller ca. 25 km spazieren gehen oder Rad fahren.
Bademöglichkeit: Großer Alpsee (kein Eintritt, mit Bewirtung), Kleiner Alpsee, Niedersonthofer See, Iller usw. Tierarzt: ca. 3 km. Hunde-Extra: Begrüßungssnack

Wandertipps
Spazierweg über den Illerdamm nach Untermaiselstein. Dort befindet sich eine Sennerei, wo man frischen Allgäuer Bergkäse und Milch verzehren kann – und Vierbeiner frisches Wasser erhalten. Zu Fuß ist ebenso eine Wanderung nach Bühl am Großen Alpsee möglich (schöne Ausblicke!). Immenstadt ist auch gut zu Fuß erreichbar, von dort weiter auf einem Spazierweg entlang unter Kastanienbäumen nach Bühl am Alpsee. Am Hafen und der Promenade mit Erlebnissteg lässt es sich gut verweilen. Tipp für Gäste mit Hund, die hoch hinaus wollen: die Bergbahnen Nebelhorn und Fellhorn befördern auch Hunde.

Ferienwohnung Engl ***

Am Ergel 5
D-87509 Immenstadt/Bühl, Region Allgäu

Tel. & Fax: 0049/8323/95339
E-Mail: engl@onlinehome.de
Internet: www.ferienwohnung-engl.de

Hunde-Infos
Unterkunft: ruhige Lage mit Auslaufwegen
Haustiere: 1 Hündin, 1 Kater
Unterkunftskosten pro Tag ohne Futter: keine
Erlaubte Hundeanzahl pro Fewo: max. 2 Hunde
Auslaufmöglichkeit: eingezäunter Garten, Wald und Wiese in nächster Nähe. Spazierweg: großes Wanderwegnetz in nächster Nähe
Bademöglichkeit: Alpsee (ca. 5 Min.), evtl. Privat-Badeplatz
Radweg: großes Radwegnetz rund um Bühl
Tierarzt: Dr. Buchelt, 24-Stunden-Dienst, Blaichach (5 km)

Münchner Tierakademie

Ein wichtiger Aspekt in der Münchner Tierakademie ist die fundierte Ausbildung für Menschen, welche den Beruf des Hundetrainers und/oder des Hunde-Physiotherapeuten erlernen möchten. In komplizierten Fällen wie zum Beispiel immer wieder auftretenden und chronischen Krankheiten, bei Verhaltensauffälligkeiten des Tieres ohne erkennbaren Grund entwirrt Susanne Zischgl das Zusammenleben von Tier und Mensch auf energetischen Grundlagen der Systematischen kreativen Tiertherapie und findet für alle Beteiligten die optimale Lösung. Angeboten werden u. a. Hundeausbildung, inklusive Ausbildung des Halters, Physiotherapie für Hunde, Systematische kreative Tiertherapie (STA), eigene Filmtierschule und Filmtiertraining, Ausbildung Hundetrainer, Physiotherapie für Hunde, Ernährungsberatung, diverse Seminare, mobiler Hundesalon.

Kontakt:

Susanne Zischgl
Münchner Tierakademie
Stösserstraße 27, D-80933 München
Tel. & Fax: 0049/89/31230629, Mobil: 0049/171/8330194
E-Mail: muenchner_tierakademie@yahoo.de
Internet: www.mtierakadmie.de.tf

Hotel-Restaurant Adler ****

Kirchplatz 6
D-87534 Oberstaufen, Region Allgäu

Tel.: 0049/8386/93210, Fax: 0049/8386/4763
E-Mail: info@adler-oberstaufen.de
Internet: www.adler-oberstaufen.de

Hunde-Infos
Haustier: Hund
Unterkunftskosten pro Tag ohne Futter:
€ 5,–, Futter a. A.
Mitnahme in den Speiseraum möglich: ja
Erlaubte Hundeanzahl pro Gast: 1
Hundesitter-Dienst: nein
Auslaufmöglichkeit: Hundewiese in der Nähe
Spazierweg: viele Wanderwege direkt ab Hotel, ansonsten in näherer Umgebung, z. B. Eistobel, Oberstdorf
Bademöglichkeit: Alpsee (9 km)
Radweg: vorhanden. Langlaufloipe: Schwarzenbachloipe
Hundefreundliches Lokal: Hotel-Restaurant Adler
Ausflugstipp: Schlossbesichtigung Füssen. Hundeschule/Agility: in Thalkirchdorf (5 km)
Tierarzt: Dr. Hinze (im Ort)

Alpengasthof Hörmoos

D-87534 Oberstaufen, Region Allgäu

Tel.: 0049/8386/8129, Fax: 0049/8386/8633
E-Mail: hoermoos@t-online.de
Internet: www.hoermoos.de

Hunde-Infos
Unterkunft: Lage direkt an der Nagelfluhkette
Unterkunftskosten pro Tag ohne Futter:
€ 4,–
Mitnahme in den Speiseraum möglich: ja
Erlaubte Hundeanzahl pro Gast: 2
Hundesitter-Dienst: nein
Auslaufmöglichkeit: direkt ab Haus Wanderwege
Spazierweg: Hochhädrich, Falken, Nagelfluhkette, kleine Spaziergänge bis Tageswanderungen, Winterwanderwege, Schneeschuhlaufen, Nordic Walking
Bademöglichkeit: Badesee gleich am Haus
Radweg: Mountainbikewege

Bayern

Ferienhof „Beim Wendlar", Bauernhof

Sonnenstraße 5
D-87541 Unterjoch, Region Oberallgäu

Tel.: 0049/8324/7662, Fax: DW 7398
E-Mail: wendlarhof@t-online.de
Internet: www.wendlarhof.de

Hunde-Infos
Unterkunft: ruhige Lage mit Auslaufmöglichkeit direkt im Wandergebiet; Haustiere: Kühe, Schweine, Kälber
Unterkunftskosten pro Tag ohne Futter: € 5,–
Erlaubte Hundeanzahl pro Gast: 2
Hundesitter-Dienst: nein
Auslaufmöglichkeit: direkt ab Haus möglich, Wander- und Skigebiet
Spazierweg: inmitten der Allgäuer Alpen
Bademöglichkeit: Güntensee (10 Automin.)
Radweg/Langlaufloipe: vom Haus bis ins Tannheimer Tal
Hundefreundliches Lokal: Hotel Krone (200 m)
Tierarzt: Dr. Zeherle in Wertach (5 Automin.)

Ferienwohnungen Nachbaur

Iselerstraße 12
D-87541 Oberjoch, Region Allgäu

Tel.: 0049/8324/7290, Fax: 0049/8324/90194
E-Mail: friedrich_nachbaur@hotmail.com
Internet: www.ferienwohnungen-nachbaur.de

Hunde-Infos
Unterkunft: freie und ruhige Ortsrandlage, angrenzend an Landschaftsschutzgebiet
Unterkunftskosten pro Tag ohne Futter: € 5,–
Erlaubte Hundeanzahl pro Gast: 2
Auslaufmöglichkeit: direkt ab Haus möglich, Wald und Wiese nebenan
Spazierweg: umfangreiches Wegenetz, im Naturpark Allgäuer Alpen
Bademöglichkeit: Naturschwimmbad (Hochmoor, 5 Gehmin.), kein Eintritt
Radweg: vorhanden
Langlaufloipe: vorhanden (über 100 km)
Tierarzt: mehrere Tierärzte in Sonthofen und Hindelang

Ferienwohnung Fam. Metzger

Grüntenstraße 26
D-87545 Burgberg, Region Allgäu

Tel. & Fax: 0049/8321/82284
E-Mail: fewo.kremser-metzger@gmx.de
Internet: www.urlaub-mit-hund.de

Hunde-Infos
Unterkunft: Ortsrandlage
Haustier: Retrieverhündin
Unterkunftskosten pro Tag ohne Futter: gratis
Erlaubte Hundeanzahl pro Gast: 2–3
Hundesitter-Dienst: nein
Auslaufmöglichkeit: Spazier- und Wanderwege ab Haus
Bademöglichkeit: Seen in der Nähe
Radweg: Iller-Radweg
Tierarzt: Dr. Buchelt in Blaichach (3 km)

Seegasthof Weissensee, Inh. Familie Preikschat/Steger

Pfrontener Straße 23
D-87629 Füssen,
Region Ostallgäu

Tel.: 0049/8362/91780,
Fax: 0049/8362/917888
E-Mail: seegasthof-weissensee@t-online.de
Internet: www.seegasthof-weissensee.de

Hunde-Infos
Unterkunft: Lage direkt am Weissensee mit Auslaufmöglichkeit
Unterkunftskosten pro Tag ohne Futter: keine
Mitnahme in den Speiseraum möglich: ja
Erlaubte Hundeanzahl pro Gast: keine Einschränkung
Hundesitter-Dienst: nein
Auslaufmöglichkeit/Spazierweg/Bademöglichkeit/Radweg: ja
Tierarzt: Dr. Bernd Jordan in Füssen (5 km), Tel. 0049/8362/39741

Gästehaus Miller ****

Brandegg 80
D-87659 Hopferau, Region Allgäu

Tel.: 0049/8364/1430, Fax: 0049/8364/9877016
E-Mail: info@gaestehaus-miller.de
Internet: www.gaestehaus-miller.de

Hunde-Infos
Unterkunft: ruhige Alleinlage; Haustiere: Hund, 2 Katzen, 3 Esel, Hasen und Meerschweinchen
Unterkunftskosten pro Tag ohne Futter: € 2,–
Erlaubte Hundeanzahl pro Gast: n. V.
Hundesitter-Dienst: nein
Auslaufmöglichkeit: rundum Wiesen
Spazierweg: direkt ab Haus
Bademöglichkeit: im Umkreis von 10 km sind 7 Naturseen
Radweg: in nächster Nähe vorhanden
Hundeschule/Agility: in Füssen (8 km)
Tierarzt: Dr. Mayr in Seeg (4 km)

Allee Hotel Garni ****

Alleestraße 14
D-91413 Neustadt a. d. Aisch,
Region Mittelfranken

Tel.: 0049/9161/8955-0, Fax: DW 895589
E-Mail: info@allee-hotel.de
Internet: www.allee-hotel.de

Hunde-Infos
Unterkunft: zentrumsnah, in unmittelbarer Nachbarschaft der städtischen Parkanlage „Bleichweiher"
Unterkunftskosten pro Tag ohne Futter: € 3,–
Mitnahme in den Speiseraum möglich: ja
Erlaubte Hundeanzahl pro Gast: 1–2
Hundesitter-Dienst: nein
Auslaufmöglichkeit: direkt ab Haus möglich, Parkanlage, Aischwiesen
Spazierweg: Steigerwald – gut markierte Wanderwege
Radweg: Fahrradweg Rothenburg – Bamberg (direkt ab Hotel)
Tierarzt: Dr. R. Gastauer, Tierärztliche Klinik, Adolf Scherzer Straße 7, D-91413 Neustadt a. d. Aisch

Hotel Garni Birnbaum

Nürnberger Straße 35
D-91522 Ansbach, Region Franken

Tel.: 0049/981/970840, Fax: 0049/981/9708420
E-Mail: info@hotel-birnbaum.de
Internet: www.hotel-birnbaum.de

Hunde-Infos
Unterkunft: Lage Zentrumnähe (5 Gehmin.); Hundedecke/Futternapf a. A.
Unterkunftskosten pro Tag ohne Futter: keine, Futter a. A.
Mitnahme in den Speiseraum möglich: ja
Erlaubte Hundeanzahl pro Gast: 1
Hundesitter-Dienst: ja, gratis
Auslaufmöglichkeit Hofgarten (3 Min., Leine)
Spazierweg: Rezatufer (Gehzeit 5 Min.) – schöne Wiesen zum Laufen und Toben für Hunde, Wanderung zum Altmühlsee, Jacobsweg
Radweg: Burgenradweg, Altmühlradweg, Karpfenradweg
Ausflugstipp: Freilandmuseum Bad Windsheim (Leine)

Hotel Roter Hahn

Obere Schmiedgasse 21
D-91541 Rothenburg, Region Mittelfranken

Tel. & Fax: 0049/98/ 61 97 40
E-Mail: info@roterhahn.com
Internet: www.roterhahn.com

Hunde-Infos
Unterkunft: Lage Stadtmitte; Haustier: Samujede; Hundedecke/Futternapf a. A.
Unterkunftskosten pro Tag ohne Futter: keine
Mitnahme in den Speiseraum möglich: ja
Erlaubte Hundeanzahl pro Gast: nach Absprache
Hundesitter-Dienst: nach Absprache
Auslaufmöglichkeit: Stadtpark „Burggarten" (5 Gehmin.), Abstieg ins Taubertal (1 Gehmin.)
Spazierweg: Taubertal (Wanderrouten liegen auf)
Radweg: mehrere um Rothenburg und durch das Taubertal, Einstieg nahe Hotel
Bademöglichkeit: Tauber
Tierarzt: Dr. Stephanie von Goldacker, Völerstraße 2, D-91541 Rothenburg, Tel. 0049/9861/92992

Hotel-Gasthof Goldener Greifen

Obere Schmiedgasse 5
D-91541 Rothenburg o. d. T., Region Franken

Tel.: 0049/9861/2281, Fax: 0049/9861/86374
E-Mail: info@gasthof-greifen.rothenburg.de
Internet: www.gasthof-greifen.rothenburg.de

Hunde-Infos

Unterkunft: Lage mitten in der Altstadt, trotzdem ruhig
Haustier: Hund „Frieda"
Unterkunftskosten pro Tag ohne Futter: kostenlos
Mitnahme in den Speiseraum möglich: ja
Erlaubte Hundeanzahl pro Gast: 2 große oder 3 kleine
Auslaufmöglichkeit: kurze Entfernung zum Burggarten (3 Min.)
Spazierweg: sehr schön angelegte Spazierwege in der Umgebung, gut ausgeschilderte Wanderwege im „Romantischen Franken"
Radweg: Radwege „Liebliches Taubertal", „Frankenhöhe"
Hundefreundliches Lokal: Restaurant im Haus
Tierarzt: verschiedene Tierärzte im Ort

Top International Hotel Goldenes Fass ***

Ansbacher Straße 39
D-91541 Rothenburg ob der Tauber, Region Franken

Tel.: 0049/9861/94500, Fax: 0049/9861/8371
E-Mail: hotel@goldenes-fass.com
Internet: www.goldenes-fass.com

Hunde-Infos

Unterkunft: Lage 300 m vor den Toren der Altstadt; Haustier: Terrier; Hundedecke/Futternapf a. A.
Unterkunftskosten pro Tag ohne Futter: € 6,–, Futter a. A. € 3,–
Mitnahme in den Speiseraum möglich: ja
Erlaubte Hundeanzahl pro Gast: 2
Hundesitter-Dienst: auf Wunsch
Auslaufmöglichkeit/Spazierweg: direkt ab Hotel, Altmühlweg, Jakobsweg
Bademöglichkeit: Badeweiher (0,7 km), im Fluss Tauber (0,7 km)
Radweg: direkt ab Hotel, Altmühlradweg, Taubertalradweg
Langlaufloipe: 3 km
Ausflugstipp: Historische Altstadt Rothenburg o. d. T.
Hundeschule/Agility/Tierarzt: 2 km entfernt
Hunde-Extra: Fahrradtouren mit Hund (Leihfahrräder), Hundeübungsplatz (0,7 km)

Hotel Goldene Rose

Marktpatz 4
D-91550 Dinkelsbühl, Region Romantische
Straße in Mittelfranken

Tel.: 0049/9851/5775-0, Fax: DW 75
E-Mail: hotel-goldene-rose@t-online.de
Internet: hotel-goldene-rose.com

Hunde-Infos
Unterkunft: schönes Fachwerkgebäude (1450)
Lage Altstadtzentrum. Hundedecke/Futternapf a. A.
Unterkunftskosten pro Tag ohne Futter: € 5,–, Futter a. A.
Mitnahme in den Speiseraum möglich: ja
Erlaubte Hundeanzahl pro Gast: 2
Hundesitter-Dienst: nein
Auslaufmöglichkeit: rund um die gesamte Stadtmauer
Spazierweg: historische Stadt Dinkelsbühl mit dem Nachtwächter, Spaziergänge um den Grüngürtel der alten Stadtmauer
Bademöglichkeit: in der Wörnitz und Wörnitz-Naturbad
Hundefreundliches Lokal: Bräustüberl zum Braunen Hirsch, DKB, Turmgasse 3
Ausflugstipp: Waldgaststätte Mutschach, Richtung Dürrwangen/Campingplatz Mutschach-Wald
Tierarzt: Dr. Hörber, Luitpoldstraße 8, D-91550 Dinkelsbühl

Landhotel Zur Sonne

Vordere Gasse 5
D-91567 Herrieden,
Region Mittelfranken

Tel.: 0049/9825/9246-0, Fax: DW 9246-21
E-Mail: info@sonne-herrieden.de
Internet: www.sonne-herrieden.de

Hunde-Infos
Unterkunft: ruhige Stadtmitte-Lage
Unterkunftskosten pro Tag ohne Futter: keine, Futter a. A.
Mitnahme in den Speiseraum möglich: ja
Erlaubte Hundeanzahl pro Gast: 1
Auslaufmöglichkeit/Spazierweg: 2 Min. zur Altmühlwiese
Bademöglichkeit: in der Altmühl
Radweg: Altmühlweg, Ansbacher Weg, Feuchtwanger Weg, Karpfenradweg
Ausflugstipp: Altmühlsee, Brombachspeicher, Rothenburg, Dinkelsbühl
Tierarzt: Dr. Brunner

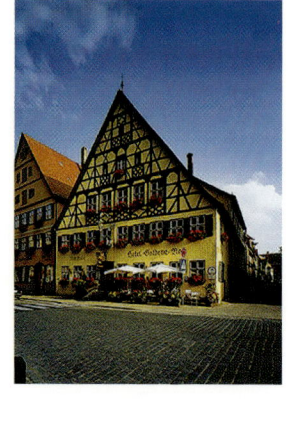

B+B Apartements Haus Benji F****

Wiesenstraße 10
D-91587 Adelshofen –
Rothenburg o. d. T.

Tel.: 0049/9865/9419791, Fax: 0049/9865/9419799
E-Mail: haus-benji@t-online.de
Internet: www.ferienappartements-rothenburg.de

Hunde-Infos

Unterkunft: ruhige Ortsrandlage, an einer Obstbaumwiese, Feldern, Wiesen und Pferdekoppel; Haustier: Westhighland Terrier Benji; Hundedecke/Futternapf a. A.
Unterkunftskosten pro Tag ohne Futter: € 8,–
Mitnahme in den Speiseraum möglich: nein
Erlaubte Hundeanzahl pro Gast: n. V.
Hundesitter-Dienst: € 10,–/Std. Gassigang € 8,–/Hund
Auslaufmöglichkeit: direkt ab Haus, Wiesen und Felder
Spazierweg: im Umkreis von 2 km Hegereiter, Gickelhäuser Tal, 3 km Liebliches Taubertal, Romantische Straße, Naturpark Frankenhöhe, Tilman Riemenschneider-Weg
Bademöglichkeit: Fluss Tauber (3 km), Gickelhäuser Bach (3 km), Main (40 km), Altmühlsee und Brombachspeicher (ausgenommen gekennzeichneter Badestrand, 70 km), viele kleine Teiche in der Umgebung, Binswanger See in Colmberg – Hundebad erlaubt, wenn keine Fischer anwesend sind
Radweg: Radwanderkarte Romantisches Franken, Liebliches Taubertal, Hegereiter
Hundefreundliches Lokal: siehe u. a. Kasten, Gasthof Zur Frohen Einkehr (Reichardsroth), Rotes Ross (Ohrenbach), Grüner Baum (Neustett-Adelshofen)
Ausflugstipp: Freilandmuseum, Schlosspark Dennenlohe (Rhododendronpark)
Hundeschule/Agility: Hundeschule Hoffnung, Fam. Irmgard und Hermann Feldschmid, Binswangen 22, D-91598 Colmberg, Tel. 0049/9803/1458, u. a. Agility, Flyball (ca. 20 km)
Tierarzt: Dr. Renate Kern, Schlehenweg 3, D-91613 Marktbergel, Tel. 0049/9843/988120
Hunde-Extra: Teich im Garten, Diätfutter, private Hundekurse, Fell- und Nagelpflege im Haus: schmerzfreies Nagelfeilen mit Spezialgerät, geführte Hundewanderungen

---

Hundefreundliche Gasthöfe und Restaurants

Landgasthof „Zum Falken"
Tauberzell 41
D-91587 Adelshofen
Tel. 0049/9865/941940
Dienstag Ruhetag

„Glockenhäusle", Fam. Geisendörfer
Kleinharbach
D-97215 Uffenheim
Tel. 0049/9865/9520
Sa. + So. geöffnet

Restaurant „Landwehrbräu", Hr. Hausmann u. Hr. Wörner
OT Reichelshofen
D-91628 Steinsfeld
Tel. 0049/9865/989-0

Hundefreundliche Unterkünfte

Parkhotel Altmühltal,
Ihr **** Aktiv-Hotel

Zum Schießwasen 15
D-91710 Gunzenhausen, Region Fränkisches Seenland/Naturpark Altmühltal

Tel.: 0049/9831/5040, Fax: 0049/9831/89422
E-Mail: info@aktiv-parkhotel.de
Internet: www.aktiv-parkhotel.de

Hunde-Infos
Unterkunft: ruhige Lage; Hundedecke im Zimmer
Unterkunftskosten pro Tag ohne Futter: € 5,–
Mitnahme in den Speiseraum möglich: ja. Erlaubte Hundeanzahl pro Gast: 2 (pro Zimmer). Hundesitter-Dienst: a. A. gg. Gebühr
Auslaufmöglichkeit: direkt ab Haus, Wiesen in direkter Umgebung
Spazierweg/Radweg: Fuß-/Radwege um den Altmühlsee (2 km) und entlang der Altmühl (Leine). Bademöglichkeit: z. B. Dennenloher See (ca. 15 km), am Altmühl- und Brombachsee ist Hunden das Baden nicht erlaubt
Hundefreundliches Lokal: eigenes Restaurant „Chicorée"
Hundeschule/Agility: Meierhof Hundepension-Hundeschule Ansbach (25 km)
Tierarzt: Dr. Renate Gregor (30 m)

Hotel Herzog Tassilo ***

Oberweinzierler Straße 2
D-94086 Bad Griesbach,
Region Rottaler Bäderdreieck

Tel. & Fax: 0049/8532/922822
E-Mail: hotel@herzog-tassilo.de
Internet: www.herzog-tassilo.de

Hunde-Infos
Unterkunft: Ortsrandlage; Haustiere: Berner Sennenhündin, Pudeldame
Unterkunftskosten pro Tag ohne Futter: keine, Futter a. A.
Mitnahme in den Speiseraum möglich: ja
Erlaubte Hundeanzahl pro Gast: keine Einschränkung
Hundesitter-Dienst: im Haus
Auslaufmöglichkeit/Spazierweg: Hundespielwiese am Hotel, Wege ab Hotel
Bademöglichkeit: Badesee Postmünster, Kiesgrube (beide 10 km)
Radweg: im Rottal. Langlaufloipe: an den Golfplätzen bei Schneelage
Hundefreundliches Lokal: im Haus.
Hundeschule/Agility: Hundetrainer Alphons Hoffmann im Hotel, Agiltiy-Fun-Parcours im Haus. Tierarzt: Dr. Gisela Clauss-Arndt (im Haus), Spezialgebiet: Akupunktur bei Hunden
Hunde-Extra: Hundephysiotherapie-Abteilung, Akupunktur durch Dr. Clauss-Arndt, Thermalwasseranwendungen für Hunde, täglich gemeinsamer Spaziergang oder Ausflug zum Badesee (für Menschen und Hunde), Hunde laufen frei im Hotel, Hundetrainer auf Wunsch, wöchentlich Infoabend rund um den Hund, Hundefriseur im Hotel

Pension & Tagungshaus Villa Kunterbunt

Klafferstraße 111
D-94089 Neureichenau,
Region Bayerischer Wald

Tel. & Fax: 0049/8584/91033
E-Mail: kunterbunt@wundsam-rs.de
Internet: www.wundsam-rs.de/villa,
www.clickerreiter.de

Hunde-Infos

Unterkunft: ruhig, zwischen Wiesen, Bächen und Wäldern. Haustiere: Katzen, Hasen, Pferde. Unterkunftskosten pro Tag ohne Futter: € 13,– bis € 22,– (je nach Zimmer), Futter a. A. Mitnahme in den Speiseraum möglich: ja. Erlaubte Hundeanzahl pro Gast: 3 Hundesitter-Dienst: möglich
Auslaufmöglichkeit/Spazierweg: direkt am Haus und in der Umgebung
Bademöglichkeit: direkt am Haus im Fluss Michl, Moldaustausee, Rannasee, lokale kleine Badeseen in der Umgebung. Radweg: 5 km
Hundefreundliches Lokal: Gasthaus zur Einkehr, Gasthaus Dreisessel
Ausflugstipp: Nationalpark Bayerischer Wald
Hundeschule/Agility: Agilityparcours direkt am Haus, Einführung in Clickertraining möglich. Tierarzt: Dr. Götz, Kandelbinder, Roth, Waldkirchen (15 Min.)
Hunde-Extra: Agility Parcours, Clickertraining

Hotel-Restaurant Bärenhof

Lindenstraße 9, Hinterfirmiansreut
D-94158 Philippsreut,
Region Bayerischer Wald

Tel.: 0049/8557/91100, Fax: 0049/8557/91101
E-Mail: info@baerenhof-althaus.de
Internet: www.baerenhof-althaus.de

Hunde-Infos

Unterkunft: ruhige, idyllische Lage. Haustiere: Hund, Katze.
Hundedecke/Futternapf im Zimmer a. A. (kostenpflichtig)
Unterkunftskosten pro Tag ohne Futter: keine; Futtereinkauf im eigenen Shop möglich
Mitnahme in den Speiseraum möglich: ja. Erlaubte Hundeanzahl pro Gast: a. A. – je nach Wohnung. Hundesitter-Dienst: nein. Auslaufmöglichkeit: 17.000 m² Hundewiese
Spazierweg: rund um das Hotel in den Nationalpark Bayerischer Wald und den Sumava Nationalpark (CZ) – Pässe und Impfausweise für Hunde nicht vergessen
Bademöglichkeit: Badesee (4 km). Radweg: Einstieg im Ort. Langlaufloipe: direkt am Haus
Ausflugstipp: Freilichtmuseum, Gehegezone Nationalpark, auf allen Wanderungen dürfen Hunde mitgenommen werden. Hundeschule/Agility: Hundeplatz mit Agilityparcours in der Anlage, Hundeschule Ina Ziebler-Eichhorn im Nationalpark Bayerischer Wald, Mühlenweg 4, D-94158 Vorderfirmiansreut, Tel. 0049/8550/921830 – spezialisiert auf Verhaltenstherapie. Tierarzt: 3 Tierärzte (18 km)
Hunde-Extra: mehrmals pro Woche geführte Wanderungen, Agilitykurse

Burggasthof Weißenstein

Weißenstein 32
D-94209 Regen/Weißenstein,
Region Bayerischer Wald

Tel.: 0049/9921/2259, Fax: 0049/9921/8759
E-Mail: welzel@burggasthof.de
Internet: www.burggasthof.de

Hunde-Infos
Unterkunft: Lage direkt unter der Burgruine Weißenstein. Haustier: Hund
Unterkunftskosten pro Tag ohne Futter: keine
Mitnahme in den Speiseraum möglich: ja
Erlaubte Hundeanzahl pro Gast: 1 mittelgroßer bzw. 2 kleine
Hundesitter-Dienst: nein
Auslaufmöglichkeit/Spazierweg: Wälder, Felder und Wanderwege in unmittelbarer Umgebung. Radweg: Radweg (durch Wiese und Wald) führt direkt am Haus vorbei
Langlaufloipe: direkt hinter dem Hof in Planung (500 m)
Hundefreundliches Lokal: direkt im Burggasthof
Ausflugstipp: verschiedene, saisonale Tipps an der Rezeption erhältlich
Hundeschule/Agility: in näherer Umgebung
Tierarzt: Dr. Wilhelm Busch, Karola Wach, in Regen (3 km)

Pension Wildererhof

Kirchenbergstraße 18
D-94518 Spiegelau,
Region Bayerischer Wald

Tel.: 0049/8553/6256, Fax: 0049/8553/6759
E-Mail: info@wildererhof.de
Internet: www.wildererhof.de

Hunde-Infos
Unterkunft: Alleinlage
Hundedecke/Futternapf a. A.
Haustiere: Colli-Hündin, Schäferhundmix-Rüde
Unterkunftskosten pro Tag ohne Futter: kostenlos, Futter a. A.
Mitnahme in den Speiseraum möglich: ja
Erlaubte Hundeanzahl pro Gast: keine Begrenzung
Hundesitter-Dienst: Preis je nach Aufwand
Auslaufmöglichkeit: Hundewiese am Haus mit direktem Zugang zum Wald
Spazierweg: mehrere Wanderwege direkt ab Haus
Bademöglichkeit: 2 Stauseen für Hunde geeignet: Großamschlag, Hartmannsreit (ca. 1 Std. Fußweg oder 15 Automin.). Radweg: gut ausgebaute Radwege in der Umgebung
Ausflugstipp: Tierfreigehege im Nationalpark (Leine)
Tierarzt: Dr. Sandra Kölbl, Unterhüttensölden (ca. 10 km)
Hunde-Extra: Führung mit einem Ranger durch den Nationalpark zum Wolfsgehege

Edberghof ****
Edbergstraße 4
D-94571 Schaufling, Region Niederbayern/Bayerischer Wald

Tel.: 0049/9904/84063, Fax: 0049/9904/84064
E-Mail: info@edberghof.de
Internet: www.edberghof.de

Hunde-Infos
Unterkunft: Bergumrahmte Einzellage im Bayerischen Wald
Unterkunftskosten pro Tag ohne Futter: € 2,50
Erlaubte Hundeanzahl pro Gast: 3–4
Hundesitter-Dienst: nein. Auslaufmöglichkeit: 20 ha Wiesen zum Austoben
Spazierweg: am örtlichen Wandernetz angeschlossen
Bademöglichkeit: großer Badeweiher für Hunde
Radweg: Donau-Radweg. Hundefreundliches Lokal: Gasthof List (450 m)
Ausflugstipp: Naturpark Bayerischer Wald
Hundeschule/Agility: mobil, kommt auf unseren Hundeübungsplatz
Tierarzt: Dr. Robert Dörr, D-94526 Metten, Deggendorferstraße 11

Landhaus Am Forst
Zum Nagelbrunnen 18–20
D-95680 Bad Alexandersbad,
Region Fichtelgebirge

Tel.: 0049/9232/4242, Fax: 0049/9232/4466
E-Mail: am.forst@t-online.de
Internet: www.amforst.de

Hunde-Infos
Unterkunft: Lage am Waldrand, ruhig
Haustier: Mischlingshund
Unterkunftskosten pro Tag ohne Futter: € 1,80, Futter a. A.
Mitnahme in den Speiseraum möglich: zum Frühstück nein, im Café und zum Abendbrot ja. Erlaubte Hundeanzahl pro Gast: je nach Zimmer oder Appartementgröße
Hundesitter-Dienst: nein
Auslaufmöglichkeit: direkt ab Haustür
Spazierweg: z. B. Kleinwendern (1,5 km), Luisenburg (1,5 km), Kösseine (6 km), Wunsiedel-Demutstal (5 km), Marktredwitz (7 km)
Bademöglichkeit: viele Fischteiche
Radweg: Radwanderkarten und Routeninfo vorhanden
Hundefreundliches Lokal: Gasthof Riedelbauch, Gasthof Reinl
Ausflugstipp: Luisenburg mit Felsenlabyrinth, Kösseine, Fichtelsee, Ochsenkopf, Waldstein
Tierarzt: Dr. Schaudinn, Tel. 0049/9232/8353, Mozartstr. 8, D-95632 Wunsiedel
Hunde-Extra: Spaziergänge mit Chefin und Mischlingshund

Pension Beer

Marienbader Straße 225
D-95695 Mähring, Region
Oberpfalz/Oberpfälzer Wald/
Ostbayern

Tel. & Fax: 0049/9639/541
E-Mail: pension-beer@t-online.de
Internet: www.pension-beer.de

Hunde-Infos
Unterkunft: Lage ruhig, Ortsrand; Hundedecke/Futternapf a. A. Unterkunftskosten pro Tag ohne Futter: € 6,– pro Hund, Futter a. A. Mitnahme in den Speiseraum möglich: a. A.
Erlaubte Hundeanzahl pro Gast: 1 Hund im Haus, im Hundezwinger bis zu 5
Hundesitter-Dienst: auf Anfrage. Auslaufmöglichkeit: direkt ab Haus möglich
Spazierweg: ideale Möglichkeiten rund um Mähring u. Umgebung, Silberhütte, Oberpfalzturm, Wanderungen im Waldnaabtal. Bademöglichkeit: Badeweiher am Ortsende
Radweg/Langlaufloipe: direkt ab Haus möglich
Hundefreundliches Lokal: Gasthof Rosenbühl, Mähring-Ortsmitte, Sonnenterrasse (600 m).
Hundeschule/Agility: Schäferhundeverein Tirschenreuth (17 km)
Tierarzt: Dr. Heindl, Tirschenreuth (17 km)
Hunde-Extra: Tipps vom Fachmann, Besitzer war ehemaliger Zollhundelehrwart

Ferienwohnungen Müller Kurt

Fornbacherstraße 21
D-96472 Rödental,
Stadtteil Weißenbrunn vorm Wald

Tel.: 0049/9563/2255, Fax: DW 729627
E-Mail: info@ferien-mueller.de
Internet: www.ferien-mueller.de

Hunde-Infos
Unterkunft: Ortsrandlage; Haustier: Katze „Momo"; Hundedecke/Futternapf im Zimmer
Unterkunftskosten pro Tag ohne Futter: kostenlos
Erlaubte Hundeanzahl pro Gast: 2. Hundesitter-Dienst: auf Anfrage, gratis
Auslaufmöglichkeit: direkt ab Haus, Ortsrandlage, großer zaunloser Garten mit Weg zu Wiesen und Feldern. Spazierweg: ab Haus um den Stausee Froschgrundsee (ca. 2 Std.), Fränkischer Weg Richtung Rennsteig zum Blessberg 887, Naturlehrpfad rund um die Lauterburg, Wanderweg ab Haus zur Schaumburg bei Schalkau
Bademöglichkeit: Froschgrundsee (Stausee, 1,5 km) am Fuße von Weißenbrunn vorm Wald. Radweg: Dorf-Mitte. Langlaufloipe: auf den Bergdörfern im Stadtteil Höhn (3 km)
Hundefreundliches Lokal: Familie Zien „Zum weißen Ross", Bergheimstraße 12 (500 m)
Ausflugstipp: Rennsteig (Fernwanderung), Wildpark Tambach (Hunde erlaubt, nur nicht bei Jagdfalkenvorführungen), Veste Coburg
Tierarzt: Dr. Bernd Wicklein, Tierärztliche Klinik, Baumschulenweg 1, D-96486 Lautertal, Tel. 0049/9561/8583-0

Mühlenhof Daxbaude ***
Hotel + Gasthaus

Frankenstraße 205
D-97078 Würzburg, Region Unterfranken

Tel.: 0049/931/250470, Fax: 0049/931/25047250
E-Mail: hotel-muehlenhof-daxbaude@t-online.de
Internet: www.muehlenhof-daxbaude.de

Hunde-Infos
Unterkunft: Lage inmitten eines grünen, ruhigen Wohngebietes; Haustier: Mischlingsrüde Max; Hundedecke/Futternapf a. A.
Unterkunftskosten pro Tag ohne Futter: kostenlos, Futter a. A.
Mitnahme in den Speiseraum möglich: ja
Erlaubte Hundeanzahl pro Gast: 2. Hundesitter-Dienst: nein
Auslaufmöglichkeit: Grünflächen rund ums Haus
Spazierweg: beginnend am Haus und in der näheren Umgebung
Bademöglichkeit: am Main entlang, z. B. Richtung Sommerhausen, viele geeignete flache Stellen, wo Hunde ins Wasser können
Radweg: rund um Würzburg, am Main entlang
Hundefreundliches Lokal: Gasthaus im Mühlenhof Daxbaude
Ausflugstipp: Veitshöchheim, Randersacker, Volkach
Hundeschule/Agility: Randersacker (ca. 10 km)
Tierarzt: Dr. Thewes in Heidingsfeld (ca. 3 km)

Hotel-Gasthof-Metzgerei Anker

Hauptstraße/Mainpromenade 60–62
D-97851 Rothenfels am Main,
Region Unterfranken

Tel. & Fax: 0049/9393/401
E-Mail: schneider-rothenfels@t-online.de
Internet: www.hotelanker.de

Hunde-Infos
Unterkunft: Lage im historischen Altstadtzentrum an der Mainstraße. Hundedecke/Futternapf a. A.
Unterkunftskosten pro Tag ohne Futter: keine, Futter a. A.
Mitnahme in den Speiseraum möglich: ja
Erlaubte Hundeanzahl pro Gast: 2
Hundesitter-Dienst: nein
Auslaufmöglichkeit/Spazierweg: am Main und im Spessartwald
Bademöglichkeit: im Main (40 m)
Radweg: Mainradweg
Tierarzt: in Marktheidenfeld (4 km)

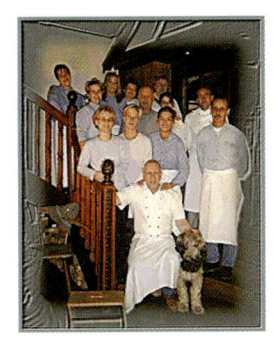

Bundesland Berlin

Die multikulturelle Stadt Berlin liegt – nach London und Paris – an dritter Stelle der beliebtesten Städtereiseziele in Europa und ist auch mit Hund eine Reise wert. Weltweite traurige Berühmtheit hat die Stadt fast 30 Jahre durch die Berliner Mauer erlangt. Einige Mauerreste können auch heute noch besichtigt werden, z. B. an der East Side Gallery, in der Bernauer Straße, am Preußischen Landtag und in Prenzlauer Berg. Doch Berlin ist schon lange nicht mehr die „Mauerstadt", sie hat ihr Image neu definiert und steht heute für hochkarätige Architektur, Modernität und Tempo und ist für den Tourismus interessanter denn je.
Mehr als 30 Prozent der grünsten Metropole Deutschlands bestehen aus Parks, Wälder, Flüssen, Seen und Wasserstraßen. Die Straßen werden von ungefähr 400.000 Bäumen gesäumt – das freut alle Vierbeiner. Denn statistisch kommen auf einen der vielen Berliner Hunde drei Bäume! Die Stadt besitzt aber nicht nur viele Parks mit ausreichend Bewegungsmöglichkeit für Hundeliebhaber, sondern als ganz besondere Attraktion einen chinesischen, einen japanischen und einen balinesischen Garten. In den „Gärten der Welt" im Erholungspark Marzahn können Interessierte auch an einer Teezeremonie in originaler Umgebung teilnehmen.
Berlin verfügt als Ergebnis der früheren Teilung über zwei Tiergärten, den Tierpark in Friedrichsfelde mit sehr schönen Freigehegen und den Zoologischen

Garten neben dem gleichnamigen Bahnhof. Damit ist Berlin die Stadt mit den weltweit meisten Zootieren. Der Zoologische Garten Berlins ist der älteste in Deutschland und der drittälteste Europas; er wurde vor über 150 Jahren gegründet. Das zum Zoo gehörende Aquarium ist das artenreichste Europas und eines der größten weltweit.

> Kontakt
> Berlin Tourismus Marketing GmbH
> Am Karlsbad 11
> D-10785 Berlin
> Info-Tel: 0049/30/250025
> E-Mail: information@btm.de
> Internet: www.berlin-tourist-information.de

Hundeauslauf in den Berliner Wäldern

Berlin ist eine Hauptstadt der Hunde – mehr als 100.000 Vierbeiner sind hier gemeldet. Auch für eine artgerechte Hundehaltung sind die stadtnahen Wälder bedeutsam. Spaziergänge mit und ohne Hund sind in allen Waldgebieten jederzeit möglich. Unangeleintes Ausführen von Hunden ist aber nur in den ausgewiesenen Hundeauslaufgebieten gestattet, ansonsten gilt im Wald ausnahmslos Leinenpflicht (LWaldG §23/2)! Die 12 Hundeauslaufgebiete im Wald werden intensiv genutzt. Auf insgesamt etwa 1250 Hektar Fläche können die Vierbeiner frei umherlaufen – ein Angebot, das in ähnlicher Weise in keiner deutschen oder europäischen Stadt existiert. (Internetinfo: www.stadtentwicklung.berlin.de/forsten/hundeauslauf/. Sie finden hier Infos aller aktuellen Hundeauslaufgebiete im Berliner Wald. Informationen zu weiteren Hundeauslaufangeboten außerhalb des Waldes erhalten Sie in den jeweiligen Bezirksämtern.)

Beliebte Hundetreffs und 12 Auslaufgebiete unterteilt nach Berliner Stadtbezirken (Internetinfo: www.bello-media.de – Webtreff für Berliner Hundefans mit genauer Beschreibung und Fotos der Auslaufgebiete):

- Reinickendorf: Forst, Jungfernheide, Hermsdorf
- Pankow – Weissensee – Prenzlauer Berg: Arkenberge
- Stadtpark Spandau: Kladow/Blechsteinweg, Pichelswerder, Kladow/Fuchsberge
- Charlottenburg – Wilmersdorf: Westhafenkanal – Östl. Avus – Jungfernheide – Park Wilmersdorf – Grunewald
- Mitte: Rehberge, Humboldthain
- Neukölln: Hasenheide
- Steglitz – Zehlendorf: Kleiner Wannsee – Pfaueninselchaussee – Östl. Avus – Königsweg – Nikolskoe – Grunewald
- Tempelhof – Schöneberg
- Friedrichshain – Kreuzberg
- Lichtberg – Hohen Schönhausen
- Marzahn – Hellersdorf
- Köpernick – Treplow

Kontakt

Senatsverwaltung für Stadtentwicklung
Bereich Kommunikation
Württembergische Straße 6
D-10707 Berlin
Tel.: 0049/30/90-0
E-Mail: oeffentlichkeitsarbeit@senstadt.verwalt-berlin.de
Internet: www.stadtentwicklung.berlin.de

Hunde-Eldorado Grunewald

Bei Hundehaltern beliebt ist seit über 70 Jahren das Hundeauslaufgebiet Grunewald, welches rund 30 % des Waldgebietes im gesamten Grunewald umfasst. Rund um Krumme Lanke, Schlachten- und Grunewaldsee erstreckt sich das 800 ha große Areal zum Spazierengehen, Toben, Spielen und Schnüffeln für Vierbeiner – und dies alles ohne Leinenzwang. Und auch wasserbegeisterte Hunde kommen hier auf ihre Kosten: mitten im Auslaufgebiet liegt der Grunewaldsee, an dem sich eine eigene Hundebadestelle befindet. Leider kein Geheimtipp – vor allem an Wochenenden ist das Gelände relativ stark besucht. Andererseits gibt es dann jede Menge vierbeiniger Artgenossen zum Spielen und Kennenlernen! (Detaillierte Infos und schöne Fotos im Internet unter www.bello-media.de – s. S. 61)

Hunde-Auslauf-Service

Geboten werden 2–3 Stunden Auslauf im Rudel in den Berliner Auslaufgebieten. Hier haben Hunde die Möglichkeit, nach Lust und Laune zu toben und lernen nebenbei, sich in die bestehende Rangordnung zu integrieren und gewinnen Sicherheit in der innerartlichen Kommunikation. Dies verleiht Hunden die Souveränität im Erkennen von rassespezifischen Unterschieden. Denn äußeres Erscheinungsbild, Charakter, Veranlagung und Sozialisierung können zu Missverständnissen führen. Aber auch kleine Intelligenzspiele sowie Unterordnungs- und Folgsamkeitsübungen werden regelmäßig in den Auslauf mit eingebaut. Hierbei lernen die Hunde oft voneinander! Das Abhol- und Bringservice erfolgt in folgenden Gebieten: Prenzlauer Berg, Mitte, Wedding, Reinickendorf, Tegel, Waidmannslust und Konradshöhe.

Kontakt

Dogwalker Berlin, Thomas Bursch
Sachsenstraße 8, D-13156 Berlin
Tel.: 0049/173/6085741 oder
0049/30/44041971
E-Mail: dogwalkerbln@aol.com
Internet: www.dogwalker-berlin.de

_mitArt_Hotel

Linienstraße 139–140/Oranienpassage
D-10117 Berlin, Region Mitte

Tel. & Fax: 0049/30/28390430
E-Mail: mitart@t-online.de
Internet: www.mitart.de

Hunde-Infos
Unterkunft: Lage zentral. Haustiere: Hündin, Wasserschildkröten, Fische
Unterkunftskosten pro Tag ohne Futter: € 10,–
Mitnahme in den Speiseraum möglich: ja
Erlaubte Hundeanzahl pro Gast: n. V., keine Listenhunde
Hundesitter-Dienst: nein. Auslaufmöglichkeit: im nächstgelegenen Park (5 Min.)
Hundefreundliches Lokal: gegenüber
Bademöglichkeit: Grunewaldsee – Hundeauslaufgebiet, und am nördlichen Seeteil befindet sich eine ausgeschilderte Hundebadestelle
Ausflugstipp: Tierpark Friedrichsfelde, Grunewald (größtes Hundeauslaufgebiet Deutschlands mit vielen Bademöglichkeiten an den Seeufern und Seewegen), Zoo am S- und U-Bahnhof Zoologischer Garten. Hundeschule/Agility: a. A.
Tierarzt: 5 Min. entfernt, Adresse und Telefonnummer liegen auf

Ackselhaus Berlin *** / ****

Belforter Straße 21
D-10405 Berlin

Tel.: 0049/30/44337633, Fax: 0049/30/4416116
E-Mail: info@ackselhaus.de
Internet: www.ackselhaus.de

Hunde-Infos
Unterkunft: ruhige Lage im Zentrum
Haustier: Katze; Hundedecke/Futternapf a. A.
Unterkunftskosten pro Tag ohne Futter:
€ 5,–, Futter € 4,– pro Portion
Mitnahme in den Speiseraum möglich: nach Absprache
Erlaubte Hundeanzahl pro Gast: 1
Hundesitter-Dienst: nach Voranmeldung
Auslaufmöglichkeit: im kleinen Garten des Hauses oder im Park, Hundewiese in der Nähe (10 Min.)
Spazierweg: durch die Stadt und zahlreiche Stadtparks (Tiergarten), Volkspark Friedrichshain (10 Min., Hundeauslauf ohne Leine möglich), Hundespielplatz (5 km)
Bademöglichkeit: mehrere Seen. Radweg: Stadtparks
Ausflugstipp: ein Fahrrad leihen und an Spree und Havel entlangradeln – bis nach Potsdam, z. B. Brandenburger Tor, Spreebogen, Lustgarten, Hackesche Höfe
Hundeschule/Agility: Lucky Dog. Tierarzt: Choriner Straße 44 (ca. 10 Min.)

Hundefreundliche Unterkünfte

Hundeausführservice von Lucky Dog in Berlin
Hunde werden mit einem speziell dafür ausgebauten Lucky Dog-Bus von Zuhause abgeholt und laufen in einer Gruppe von 5–12 Hunden durch den Berliner Grunewald. Die reine Auslaufzeit im Wald beträgt 3 Stunden und findet in ausgewiesenen Hundeauslaufgebieten unter Aufsicht professioneller Hundetrainer statt. Dabei werden die Hunde nicht nur körperlich, sondern auch geistig gefordert, denn einzelne Erziehungsübungen und kontrollierte Spiele werden immer wieder in den Auslauf eingebaut.

Kontakt
Lucky Dog Berlin
Heike Skarupa
Flanaganstraße 35
D-14195 Berlin
Tel.: 0049/30/25297613
E-Mail: info@luckydog-berlin.de
Internet: www.luckydog-berlin.de

Ferienwohnung Haus Rosenbaum
Grünstraße 9
D-16562 Bergfelde

Tel. & Fax: 0049/03303/405757
E-Mail: fewo@ferienwohnung-rosenbaum.de
Internet: www.ferienwohnung-rosenbaum.de

Hunde-Infos
Unterkunft: Waldrandlage
Haustiere: Hund, Katze, Kater
Hundedecke/Futternapf a. A.
Unterkunftskosten pro Tag ohne Futter: keine; Futter a. A. zum EK-Preis
Erlaubte Hundeanzahl pro Gast: unbegrenzt
Hundesitter-Dienst: bei Bedarf nach Absprache
Auslaufmöglichkeit: endlos vorhanden
Wanderroute/Spazierweg: Haus liegt direkt am Wanderweg (Wanderplan)
Bademöglichkeit: 3 Seen (je 5 km)
Radweg: Radwanderrouten Nordwest, eine direkt vor der Haustüre
Ausflugstipp: Tierpark Germendorf
Hundeschule/Agility: mindestens 2 in näherer Umgebung
Tierarzt: Tierklinik Schönfließ (1,5 km)
Hunde-Extra: 7 Nächte schlafen = 6 Nächte bezahlen

Bundesland Brandenburg

Urlaub am Wasser gehört zum Reiseland Brandenburg wie Fontanes Dichtkunst oder die berühmte Schlösserlandschaft um Sanssouci. Keine anderes deutsches Bundesland hat so viele Seen und Flusskilometer zu bieten wie die Landschaft, die sich vom Spreewald im Südosten bis zur Prignitz im Nordwesten, von Fläming im Südosten bis zur Ukermark im Nordosten hinaufzieht. Viele naturnahe Wasserwanderwege sind in einem dichten Netz mit Berlin verbunden, das als größte deutsche Metropole, geografisch betrachtet, mitten in das ländliche Idyll eingebettet ist. Radfahrer können auf mehr als 2400 Kilometern Radwegen, z. B. an der Spree, der Neiße und der Oder sowie an der Elbe, sich gemeinsam mit ihrem Hund die Luft um die Ohren wehen lassen. Erholungssuchende Zwei- und Vierbeiner entspannen in den zahlreichen Naturschutzgebieten und -parks. Schlösser und Herrenhäuser, die Hauptstadt Potsdam, der Schlosspark Sanssouci und Rheinsberg sowie die Stadt Cottbus mit Pücklers berühmten Pyramiden im Park Branitz sind einige lohnende Ausflugsziele.

Kontakt

TMB Tourismus-Marketing-Brandenburg GmbH
Am Neuen Markt 1, D-14467 Potsdam
Tel. 0049/331/2004747, Fax: 0049/331/298 73 73
E-Mail: info@reiseland-brandenburg.de
Internet: www.reiseland-brandenburg.de

Hundefreundliche Unterkünfte

Spreewaldhof Leipe

Leiper Dorfstraße 2
D-03222 Lübbenau OT Leipe,
Region Spreewald

Tel.: 0049/3542/2805, Fax: DW 2890
E-Mail: info@spreewaldhof-leipe.de
Internet: www.spreewaldhof-leipe.de

Hunde-Infos
Unterkunft: ruhige Lage im Biosphärenreservat Spreewald; Haustiere: 2 Hunde, 3 Katzen, Schafe, Ziegen; Hundedecke/Futternapf a. A.
Unterkunftskosten pro Tag ohne Futter: € 1,50, Futter a. A.
Mitnahme in den Speiseraum möglich: ja
Erlaubte Hundeanzahl pro Gast: 1
Hundesitter-Dienst: nein
Auslaufmöglichkeit: im Hofgebäude (Garten, Wiese)
Spazierweg: Europawanderweg E 10 ab Haus
Bademöglichkeit: in der Spree
Tierarzt: Dr. Schwarzer, D-03096 Burg, Hauptstraße 49, Tel. 0049/35603/479 (8 km)

Historischer Gasthof & Hotel ** Superior Zum Hirsch

Crinitzer Straße 2
D-03246 Fürstlich Drehna, Niederlausitzer Land/Landkreis Dahme-Spreewald

Tel.: 0049/35324/7030, Fax: DW 70370
E-Mail: gasthofzumhirsch@t-online.de
Internet: www.fuerstlichdrehna.de

Hunde-Infos
Unterkunft: ruhige Lage
Unterkunftskosten pro Tag ohne Futter: keine, Futter a. A.
Mitnahme in den Speiseraum möglich: ja
Erlaubte Hundeanzahl pro Gast: 1
Hundesitter-Dienst: nein
Auslaufmöglichkeit/Spazierweg/Radweg: Rad- und Wanderwegenetz
Ausflugstipp: Wasserschloss und Landschaftspark in unmittelbarer Nähe, Brauerei- und Töpfereibesichtigungen, Spreewald (20 km)
Tierarzt: Crinitz (2 km)

NH Voltaire Potsdam ****

Friedrich-Ebert-Straße 88
D-14467 Potsdam

Tel.: 0049/331/23170, Fax: 0049/331/2317100
E-Mail: nhvoltaire@nh-hotels.com
Internet: www.nh-hotels.com

Hunde-Infos
Unterkunft: Zentrumslage
Hundedecke/Futternapf a. A.
Unterkunftskosten pro Tag ohne Futter: € 8,–, Futter a. A.
Mitnahme in den Speiseraum möglich: ja
Erlaubte Hundeanzahl pro Gast: 1 Hund
Hundesitter-Dienst: nein
Auslaufmöglichkeit/Spazierweg: vorhanden (5 Min.)
Bademöglichkeit: Seen in der Umgebung (ca. 5-30 km)
Radweg: vorhanden
Hundefreundliches Lokal: Restaurant „Hofgarten" im Haus
Ausflugstipp: Parks in Potsdam

Hotel Landhaus Geliti ***

Wentorfstraße 2
D-14548 Schwielowsee OT Geltow,
Region Havelland

Tel. & Fax: 0049/33275970
E-Mail: kontakt@geliti.de
Internet: www.geliti.de

Hunde-Infos
Unterkunft: ruhige Lage
Unterkunftskosten pro Tag ohne Futter: € 7,–, Futter a. A.
Mitnahme in den Speiseraum möglich: ja
Erlaubte Hundeanzahl pro Gast: nach Größe
Hundesitter-Dienst: auf Anfrage
Auslaufmöglichkeit/Spazierweg: direkt ab Haus möglich, Wald, Hundepark und Wiese
Bademöglichkeit: Petzinsee (ca. 200 m)
Radweg: ab Haus
Ausflugstipp: Tierpark im Ort, Schlösser und Gärten, Potsdam, Naturpark/Wildpark (Leine, Maulkorb)
Hundeschule/Agility: im Nachbarort
Tierarzt: Tierklinik Potsdam, Tel. 0049/331/973033 (ca. 4,5 km)

Villa Lindenhof, Hotel & Restaurant

Chausseestraße 21
D-14774 Brandenburg-Plaue, Region Havelland

Tel.: 0049/3381/40430, Fax: 0049/3381/404333
E-Mail: lindenhof-plaue@t-online.de
Internet: www.lindenhof-plaue.de

Hunde-Infos
Unterkunft: Lage direkt am Wald, ruhig
Hundedecke/Futternapf a. A.
Unterkunftskosten pro Tag ohne Futter: 1. Nacht € 10,–, danach € 5,–/Nacht
Mitnahme in den Speiseraum möglich: ja
Erlaubte Hundeanzahl pro Gast: max. 2 Hunde/Zimmer
Hundesitter-Dienst: nein
Auslaufmöglichkeit/Spazierweg: Waldgebiet mit Wanderwegen
Bademöglichkeit: Badestrand des großen Wendsee (250 m)
Radweg: beginnend unmittelbar am Hotel
Langlaufloipe: je nach Schneelage auf Waldwanderwegen

Residenz Victoria am See, Ferienapartments ****

Am Kurpark 3
D-15526 Bad Saarow

Tel.: 0049/33631/8660, Fax: 0049/33631/86688
E-Mail: kontakt@residenz-victoria.de
Internet: www.residenz-victoria.de

Hunde-Infos
Unterkunft: direkt am Scharmützelsee; Futternapf im Zimmer
Unterkunftskosten ohne Futter: € 15,– pro Hund/Woche
Mitnahme in den Speiseraum möglich: ja, aber nicht zum Frühstück
Erlaubte Hundeanzahl pro Gast: 2
Hundesitter-Dienst: nein
Auslaufmöglichkeit/Spazierweg: Wald (200 m), Wege neben dem Haus
Bademöglichkeit: im Scharmützelsee, mehrere Möglichkeiten entlang der Uferpromenade in Bad Saarow, den Hund zum Baden ins Wasser zu lassen
Radweg: 38 km rund um den Scharmützelsee
Hundefreundliches Lokal: „Bistro" – Residenz Victoria am See
Tierarzt: Dr. Karl-Heinz Eckhold, Ringstr. 2, D-15526 Bad Saarow, Tel. 0049/33631/58666

Brandenburg

Schloss Ziethen Hotel und Restaurant ****

Alte Dorfstraße 33
D-16766 Kremmen OT Groß Ziethen,
Region Oberhavel

Tel. & Fax: 0049/33055/950
E-Mail: info@schlossziethen.de
Internet: www.schlossziethen.de

Hunde-Infos
Unterkunft: ruhige Lage auf dem Land;
Haustier: Dackel
Unterkunftskosten pro Tag ohne Futter: € 10,–
Mitnahme in den Speiseraum möglich: ja
Erlaubte Hundeanzahl pro Gast: 1
Hundesitter-Dienst: nein
Auslaufmöglichkeit/Spazierweg: direkt ab Haus, Wald, Wiese, Park in der Nähe, Nordic Walking-Kurse
Radweg: ja
Tierarzt: Dr. Schramm, Nauener Weg 19, D-16766 Staffelde (4 km), Tel. 0049/33055/70242

Ferienwohnung „Alte Deckstation"

Spiegelberg 66
D-16845 Neustadt Dosse,
Region Ruppiner Land

Tel.: 0049/3397050890, Fax: 0049/1738660592
E-Mail: susi-weiffenbach@t-online.de
Internet: –

Hunde-Infos
Unterkunft: ruhige Lage direkt neben historischem Brandenburger Gestüt.
Haustiere: 2 Hunde, 2 Katzen, 4 Pferde; Hundedecke/Futternapf im Zimmer
Unterkunftskosten pro Tag ohne Futter: keine, Futter a. A.
Erlaubte Hundeanzahl pro Gast: 2
Hundesitter-Dienst: ev. möglich, € 10,– pro Tag
Auslaufmöglichkeit: unbegrenzt, Wiesen, Wälder
Spazierweg: unmittelbar angrenzender Spazierweg ums Gestüt (ca. 3 km)
Bademöglichkeit: Badesee in Wusterhausen (5 km)
Radweg: vorhanden
Hundefreundliches Lokal: Zutritt mit Hund in allen umliegenden Lokalen möglich
Ausflugstipp: Gestüt, Kutschenmuseum
Hundeschule/Agility: Hundeschule Bunge, D-16845 Neustadt Dosse
Tierarzt: Dr. Reimer (im Ort)

Gut Netzow
Anna & Franz-Christoph Michel
D-17268 Templin, Region Uckermark

Tel.: 0049/3987/3029, Fax: 0049/3987/54724
E-Mail: mail@gutnetzow.de
Internet: www.gutnetzow.de

Hunde-Infos
Unterkunft: Lage direkt am See, Dorfrand, umgeben von Wiesen und Wald; Haustiere: 2 Labrador, 20 frei laufende Hühner (!), Kaninchen, auf der Weide Kühe
Unterkunftskosten pro Tag ohne Futter: keine, Dosen-/Trockenfutter a. A.
Erlaubte Hundeanzahl pro Gast: max. 2 pro Wohnung
Auslaufmöglichkeit: kein eingezäunter Auslauf, unter Aufsicht unbeschränkt
Spazierweg: direkt vom Haus entlang am See, Wiesen, Wald
Bademöglichkeit: direkt an der Fewo eigener kleiner Sandbadestrand
Radweg: ab Netzow mehrere radfahrtaugliche Waldwege (etwas sandig), ab Templin asphaltierte Radwege in mehrere Richtungen
Hundefreundliches Lokal: „Zur Walnuss" in Klosterwalde
Tierarzt: Dr. Genschow, Templin (7 km)

Bundesland Hessen

Über 30 Kur- und Heilbäder machen Hessen zu Deutschlands „Bäderland Nr. 1" – von den rund 300 Kur- und Heilbädern Deutschlands stellt Hessen mit über zehn Prozent den größten Anteil. Die Bandbreite reicht von weltbekannten Bädern wie Wiesbaden – mit der Kaiser-Friedrich-Therme –, Bad Homburg – mit dem Kaiser-Wilhelms-Bad – oder Bad Wildungen – mit dem größten Kurpark Europas – bis zu kleinen Wellness- und Gesundheitsoasen wie Schlangenbad, Bad Zwesten, Bad Salzschlirf oder Bad Salzhausen. Wählen Sie in Ihrem Urlaub eine Unterkunft mit Hundesitter-Dienst, dann können Sie entspannt in der Therme relaxen, während Ihr Hund liebevoll betreut wird, mit Artgenossen herumtollt, Leckerchen und Streicheleinheiten erhält.

Nicht nur Kurgäste, auch Radurlauber mit Hund kommen hier auf ihre Kosten: Bekannt ist vor allem der Vulkanradweg (www.vulkanradweg.de), der mittlerweile bis zum Glauberger Keltenhügel verlängert wurde. Auch die ehemalige Rhönbahntrasse zwischen Petersberg bei Fulda und Hilders kann von Radlern genutzt werden (www.milseburgradweg.de). Ein Highlight der Strecke ist der 1172 Meter lange „Milseburgtunnel". Der aus dem Jahre 1889 stammende Tunnel ist tagsüber beleuchtet und wird zur Sicherheit der Tunnelnutzer durch Videokameras überwacht. Der Milseburgradweg ist Teil des hessischen Radfernweges R3, der von Rüdesheim am Rhein bis in die Rhön führt. Der Vogelsberger Südbahnradweg (www.vogelsberger-suedbahnradweg.de) von Wächtersbach über Brachttal nach Birstein verbindet die Radwege im schönen Kinzigtal mit dem Naturpark Hoher Vogelsberg. Auch für zwei- und vierbeinige Wanderer stehen zahlreiche Strecken zur Auswahl, wie beispielsweise der Wartburgpfad, der Taunus-Querweg, der Vogelsberg-Querweg, der Nibelungenweg, die Hessenspange oder der Werraburgensteig.

Kontakt
Hessen Touristik Service
Abraham-Lincoln-Straße 38–42, D-65189 Wiesbaden
Tel.: 0049/611/77880-0, Fax: DW 40
E-Mail: info@hessen-tourismus.de   Internet: www.hessen-tourismus.de

Lokaltipps für Zwei- und Vierbeiner
- Bad Homburg: Bad Homburger Brauhaus „Graf Zeppelin" (Kronenhof) – riesiger Biergarten, Pferde auf der Weide, Wassernäpfe, Zeppelinstraße 10, Tel. 0049/61 72/288662
- Hofheim: Waldgaststätte „Meisterturm", Am Meisterturm, Tel. 0049/6192/8887 Terrassen-Restaurant Zur Viehweide, Viehweide 1, Tel. 0049/6192/99090
- Königstein: Hotel „Sonnenhof" – auf Wunsch Napf mit Wasser, Falkensteiner Straße 9, Tel. 0049/6174/29080
- Oberursel: Restaurant „Forellengut" – ehemals kaiserliches Forellengut, mitten im Wald gelegen, Forellenteiche, kleines Wildschweingehege, Oberstedten, Tel. 0049/6172/35119. Restaurant „Die Linse" – extrem viele „Hundestammgäste", In der Krebsmühle, Oberursel, Tel. 0049/6171/73018. Alt-„Oberurseler Brauhaus" – Wasser und Knochen für die vierbeinigen Gäste, Ackergasse 13, Oberursel, Tel. 0049/6171/54370
- Schmitten: „Feldberghof" – Frisches Wasser & Hundekuchen, Auf dem Großen Feldberg, Tel. 0049/6174/92340, Internet: www.feldberghof.com. Bistro „Schmiede" – Großer Biergarten, für Vierbeiner stets ein „frisch gezapftes" Wasser und ein geeigneter Platz zum Ausruhen, Feldwies 5, Schmitten, Tel. 0049/60 84/919805
- Weilrod: Restaurant „Landsteiner Mühle" – Gartenrestaurant, an der Kirchenruine Landstein, Altweilnau, Tel. 0049/6083/346, Internet: www.landstein.de
- Café „Waltraud" – Freiluftlokal mit Spielwiese direkt am Weiltalweg, Weilburger Straße 13, Emmershausen, Tel. 0049/6083/434

Wandern auf zwei Beinen und vier Pfoten

Einen der schönsten Wanderwege findet man im Taunus – den Weiltalweg. Mit einer Gesamtlänge von 47,5 km erstreckt sich der Weg an der Weil vom Roten Kreuz bei Schmitten bis zur Lahnstadt Weilburg. Dabei ist ein Höhenunterschied von 560 m zu bewältigen. Der reizvolle Freizeitweg ist für Wanderer und Radfahrer gut ausgebaut und führt – immer an der romantischen Weil entlang – durch die Weiltalgemeinden – atemberaubende Ausblicke und vielfältige Eindrücke inklusive. Mit dem Vierbeiner nutzen Sie den Weg am besten während der Woche, an Sams-, Sonn- und Feiertagen ist dort ziemlich viel los! (Prospektinfo: Taunus Tourist-Info, Tel. 0049/6081/688440, Internet:

www.taunus.info, E-Mail: ti@taunus-info.de). Die Hundefreunde und -besitzer unter den Wanderführern des Naturparks Hochtaunus haben auch eine Wanderung „mit Hund" parat. Egal, wie viele Zwei- und Vierbeiner teilnehmen, eine 2–3-stündige geführte Wanderung kostet rund € 50,–. Mehr erfahren Sie beim Zweckverband Naturpark Hochtaunus, Tel. 0049/6081/2885, Internet: www.naturpark-hochtaunus.de.

Ausflugstipp

Opel-Zoo Kronberg, Georg von Opel – Freigehege für Tierforschung e.V.
Königsteiner Straße 35, D-61476 Kronberg
Tel.: 0049/6173/79749, Fax: 0049/6173/78994
E-Mail: opel.zoo.kronberg@gvo.de   Internet: www.opelzoo.de
Hunde bitte an der Leine halten. Hundehygienetüte erhältlich gegen Gebühr.

Kuraufenthalt für Hunde in Bad Wildungen

Egal ob Reflexzonenmassage oder Krankengymnastik – im Waldecker Land können lädierte Vierbeiner so richtig kuren, den strapaziösen Alltag hinter sich und die Hundeseele baumeln lassen. Schließlich bietet das Reha-Zentrum in Bad Wildungen seit 1999 Physiotherapien für Haustiere an – und das Besondere daran ist: Hund und Herrchen/Frauchen können gemeinsam kuren! Denn das Vierbeiner-Reha-Zentrum befindet sich in einem Seitentrakt des Maritim Badehotels. Ob vor oder nach einer Operation, bei rheumatischen Beschwerden oder Gelenkerkrankungen, das Reha-Zentrum hält entsprechende Therapien bereit, um die Rehabilitationszeit abzukürzen. Dabei werden die gleichen Behandlungsmethoden eingesetzt wie in der Humantherapie, u. a. klassische Massagen, Reflexzonenmassage, Lymphdrainage, Krankengymnastik, Elektrotherapie, Hydrotherapie, Thermotherapie und weitere unterstützende Maßnahmen wie Lichttherapie, Ernährungs- und Diätberatung. Kneipp-Anwendungen wie Wickel, Güsse, Bäder oder Abreibungen sorgen auch bei den tierischen Patienten für eine bessere Durchblutung und Stärkung der Abwehrkräfte.

Kontakt

Vierbeiner Reha-Zentrum-Physiotherapie für Haustiere im Maritim Hotel
Dr.-Marc-Straße 4, D-34537 Bad Wildungen
Tel.: 0049/5621/802880, Fax: DW 802889
E-Mail: vierbeiner-reha@t-online.de   Internet: www.vierbeiner-rehazentrum.de

Maritim Badehotel Bad Wildungen
Tel.: 0049/5621/7999, Fax: 0049/5621/799799
E-Mail: info.will@maritim.de
Internet: www.maritim.de/deutsch/hotels/wildungen.html

Hundefreundliche Unterkünfte

> **Hunderziehungs-Urlaub in Bad Wildungen – Reinhardshausen**
> Weniger entspannend, dafür um so lehrreicher ist ein „Erziehungs-Urlaub für den Hund". Er verspricht Hilfe für genervte Halter. Ewiges Zerren an der Leine, ungeduldiges Bellen im Café, ständiges Betteln im Restaurant – damit soll nun Schluss sein. Alles was Vierbeiner und Besitzer tun müssen: Spezialkurse belegen. Denn hier geht es vor allem um eines: um gute Manieren. Am Ende des zehntägigen Kurses, der sich eher mit der Schulung der Besitzer als mit der Erziehung der Tiere beschäftigt, kann man den „Führerschein" für Halter erlangen. Neben dem Vierbeiner-Examen demonstrieren auch die Zweibeiner in einem schriftlichen Test, dass sie ihre Lieblinge richtig erziehen können. Weitere Informationen erhalten Sie bei der Tourist-Information Staatsbad Bad Wildungen unter der Tel. 0049/800/7910100 sowie im Internet unter www.hundeschule-bw.de.

Hotel Gude ****

Frankfurter Straße 299
D-34134 Kassel, Region Nordhessisches Bergland

Tel.: 0049/561/4805-0, Fax: DW -101
E-Mail: reservation@hotel-gude.de
Internet: www.hotel-gude.de

Hunde-Infos

Unterkunft: Stadtrandlage; Haustiere: Golden Retriever-Mischling; Hundedecke/Futternapf a. A.
Unterkunftskosten pro Tag ohne Futter: keine, Futter a. A.
Mitnahme in den Speiseraum möglich: ja
Erlaubte Hundeanzahl pro Gast: unbegrenzt
Hundesitter-Dienst: nach Absprache
Auslaufmöglichkeit: offiziell ausgewiesene Hundewiese (100 m)
Spazierweg: Wander- und Spazierwege direkt ab Hotel (Wald und Wiese)
Bademöglichkeit: Fulda (1,5 km), Bundesgartenschau-Seen (ca. 2 km)
Radweg: offiziell ausgewiesene Radwanderwege direkt am Hotel vorbei (z. B. in und durch die Karlsaue oder an der Fulda entlang)
Langlaufloipe: in Wilhelmshöhe gespurte Loipen ohne Hundeverbot (5 km)
Hundefreundliches Lokal: Restaurant Pfeffermühle im Hotel, Hundenäpfe, aber keine Hundegerichte. Ausflugstipp: Park Wilhelmshöhe (größter Bergpark Europas!)
Hundeschule/Agility: mehrere in Kassel
Tierarzt: Tierärztin Gabriele Runte, Am Schützenhof 17, D-34134 Kassel,
Tel.: 0049/561/41101 (200 m)

Hofraithe Park ***
Eigentümer Pitt Fischer

Zehntstraße 12
D-35119 Rosenthal,
Region Waldecker Land/Sauerland

Tel.: 0049/6458/91194-0, Fax: DW 8
E-Mail: service@hofraithe.de
Internet: www.hofraithe.de

Hunde-Infos
Unterkunft: zentrale, sonnige, ruhige Lage
Unterkunftskosten pro Tag ohne Futter: kl. Hunde € 2,50, große Hunde über 0,40 Höhe € 3,50 (keine Kampfhunderassen zulässig), Futter a. A.
Mitnahme in den Speiseraum möglich: ja
Erlaubte Hundeanzahl pro Gast: 2. Hundesitter-Dienst: € 11,–/Std.
Auslaufmöglichkeit/Spazierweg/Radweg: ja. Bademöglichkeit: Edersee (20 Automin.)
Hundefreundliches Lokal: Gaststätte Rosengarten (200 m)
Tierarzt: 30 m entfernt

Welcome Hotel Rhön Residence *** superior

Knesheckenweg 2
D-36160 Dipperz-Friesenhausen bei Fulda, Region Rhön

Tel.: 0049/6657/980-0, Fax: 0049/6657/980-111
E-Mail: info@rhoenresidence.de
Internet: www.rhoenresidence.de

Hunde-Infos
Unterkunft: ruhige Lage am Waldrand, Wiesen in der Nähe; Haustiere: Hunde
Unterkunftskosten pro Tag ohne Futter: € 6,–
Mitnahme in den Speiseraum möglich: im Biergarten. Erlaubte Hundeanzahl pro Gast: 2 pro Zimmer. Hundesitter-Dienst: nein
Auslaufmöglichkeit: direkt ab Eingang der Hotelanlage, in der Anlage Leinenpflicht
Spazierweg: direkt ab Haus, Gebiet um Friesenhausen bis Dipperz, Richtung Rhön
Bademöglichkeit: in der Fulda (ca. 13 km)
Radweg: R1, R2, R3 – alle in der Nähe (max. 13 km), gut zu erreichen
Hundefreundliches Lokal: Restaurant Kneshecke in der Anlage
Ausflugstipp: Wildpark Gersfeld, Wasserkuppe
Hundeschule/Agility: VDH Hundeplatz, Am Engelbach, D-36043 Bronzell
Tel. 0049/6650/919070 oder 0049/171/5417221, Hundeschule Peter Kurth, Rothemann, Tel. 0049/174/9474447
Tierarzt: Tierärztliche Klinik – Kleintierpraxis, Am Kiesberg 14, Hofbieber,
Tel. 0049/6657/918333 (12 km). Hunde-Extra: Wassernapf in der Eingangshalle

Romantik Hotel Zum Stern ****
Linggplatz 11
D-36251 Bad Hersfeld,
Region Waldhessen

Tel.: 0049/6621/1890, Fax: 0049/6621/189260
E-Mail: zum-stern@romantikhotels.com
Internet: www.zumsternhersfeld.de

Hunde-Infos
Unterkunft: Lage Stadtmitte; Hundedecke/Futternapf a. A.
Unterkunftskosten pro Tag ohne Futter: € 6,50
Mitnahme in den Speiseraum möglich: ja
Erlaubte Hundeanzahl pro Gast: 1–2, je nach Größe
Hundesitter-Dienst: € 10,–/Stunde
Auslaufmöglichkeit/Spazierweg: diverse Parks in der Nähe, Spazierwege (10 Gehmin.)
Hundefreundliches Lokal: im Hotel, Hundetrinknapf
Tierarzt: Dr. Fey-Spengler, Fuldastraße 9, D-36251 Bad Hersfeld, Tel. 0049/6621/65657

Gasthaus „Zum Schwan"
Jossastraße 3
D-36272 Niederaula-Niederjossa, Region Waldhessen (Hersfeld-Rotenburg)

Tel.: 0049/6625/460 – kein Fax
E-Mail: zum-schwan-niederjossa@t-online.de
Internet: www.zum-schwan-niederjossa.de

Hunde-Infos
Unterkunft: Lage in der Dorfmitte
Unterkunftskosten pro Tag ohne Futter: keine
Mitnahme in den Speiseraum möglich: ja
Erlaubte Hundeanzahl pro Gast: 1
Hundesitter-Dienst: nein
Spazierweg: markierte Wanderwege in der näheren und weiteren Umgebung, Spazierwege direkt ab Gasthaus
Bademöglichkeit: im Dorf in der Jossa (Bach) – nur Hund, im Silbersee in Breitenbach am Herzberg – Hund und Herrchen (ca. 4 km), See Park Kirchheim – Hund und Herrchen (ca. 10 km)
Hundeschule/Agility: AT Hundeschule in Schlitz, Tel.: 0049/6642/405955, mit Voranmeldung (ca. 14 km)
Hunde-Extra: Hundepflege in Bad Hersfeld, Werner Schade, Tel.: 0049/6621/14220 (ca. 15 km)

Ferienhaus Hausen

In den langen Stangen 84
D-36280 Oberaula-Hausen,
Region Knüllgebirge

Kontaktadresse für Info & Reservierungen: Monika Huhn
Alemannenstraße 64 a
D-13456 Berlin

Tel.: 0049/30/40103695
E-Mail: post@ferienhaus-hausen.de
Internet: www.ferienhaus-hausen.de

Hunde-Infos
Unterkunft: Ortsrandlage in Ferienhausgebiet umgeben von Wald, Wiesen und Feldern
Unterkunftskosten: keine
Mitnahme in den Speiseraum möglich: ja
Erlaubte Hundezahl pro Gast: auf Anfrage
Hundesitter-Dienst: nein
Auslaufmöglichkeit: außerhalb des Ferienparks
Spazierweg: direkt am Ferienpark beginnend
Bademöglichkeit: im Freizeitsee (ehemaliger Badesee) des Ferienparks
Radweg: zum Hauptort Oberaula vorhanden („Knüllsteig" in Planung)
Hundefreundliches Lokal: Restaurant Hessenstube im Ferienpark
Ausflugstipp: der 636 m hohe Eisenberg
Tierarzt: Dr. W. Schneemann & S. Schuster, Steinweg 5, D-36275 Kirchheim (ca. 10 km)
Tel. 0049/6625/919777

Aqualux **** SPA & Hotel

Marienstraße 21
(separates Gästehaus)
D-36364 Bad Salzschlirf,
Region zw. Rhön und Vogelsberg

Tel.: 0049/6648/55-0, Fax: DW 159
E-Mail: aqualux@aqualux.de
Internet: www.aqualux.de

Hunde-Infos
Unterkunft: Ortsrandlage
Unterkunftskosten pro Tag ohne Futter: € 5,–
Mitnahme in den Speiseraum möglich: nein
Auslaufmöglichkeit/Spazierweg/Radweg: am Haus
Hundefreundliches Lokal: Reiterstube am Weidstücker Hof, Eichnau
Tierarzt: im Ort

Hundefreundliche Unterkünfte

Steigenberger Hotel Frankfurt-Langen ****

Robert-Bosch-Straße 26
D-63225 Langen, Region Südhessen, Kreis Offenbach

Tel.: 0049/6103/972-0, Fax: DW 555
E-Mail: frankfurt-langen@steigenberger.de
Internet: www.frankfurt-langen.steigenberger.de

Hunde-Infos
Unterkunft: ruhige Lage im Wirtschaftszentrum Langen
Unterkunftskosten pro Tag ohne Futter: € 11,–
Mitnahme in den Speiseraum möglich: ja
Erlaubte Hundeanzahl pro Gast: 2
Hundesitter-Dienst: nein
Auslaufmöglichkeit/Radweg: im Langener Wald (300 m)
Bademöglichkeit: Langener Waldsee (40 Gehmin. durch ein größeres Waldstück)
Ausflugstipp: Frankfurter Zoo (20 km)
Hundefreundliches Lokal: Restaurant „MAXX" im Hotel
Hundeschule/Agility: Sicher auf 4 Pfoten, Goethestraße 67, D-63067 Offenbach (10 km), Tel. 0049/69/80907480
Tierarzt: D. Braun, Nordendstraße 11, D-63225 Langen (3 km), Tel. 0049/6103/24583

Hotel Fernblick ***

Sälzerstraße 51
D-63619 Bad Orb, Region Main-Kinzig-Kreis, Spessart

Tel. & Fax: 0049/6052/91680
E-Mail: fernblick-wohlfuehlhotel@gmx.de
Internet: www.fernblick-wohlfuehlhotel.de

Hunde-Infos
Unterkunft: ruhige Waldrandlage am Rande des Kurviertels
Haustiere: Hund Julchen, Rinder in der Nähe. Hundedecke/Futternapf a. A.
Unterkunftskosten pro Tag ohne Futter: je nach Größe € 3,– bis € 7,50; Futter a. A.
Mitnahme in den Speiseraum möglich: nein
Erlaubte Hundeanzahl pro Gast: a. A.
Hundesitter-Dienst: a. A.
Auslaufmöglichkeit/Spazierweg: direkt ab Haus, Wald und Wiesen, Wanderwege
Bademöglichkeit: Weiher oder Stausee – Hunde teilweise erlaubt
Ausflugstipp: Städte Gelnhausen, Steinau, Fulda, Lohr
Hundeschule/Agility: Jagdhunde Geipel, D-63619 Bad Orb, Tel. 0049/6052/2604 (2 km)
Tierarzt: Dr. Leuthner, Leopold-Koch-Straße, D-63619 Bad Orb (500 m)

Hotel-Gasthof Zum Freigericht *** (DEHOGA)

Wasserloser Straße 29
D-63755 Alzenau, Region Rhein-Main-Gebiet

Tel.: 0049/6023/8436, Fax: 0049/6023/7731
E-Mail: rezeption@hotel-zum-freigericht.de
Internet: www.hotel-zum-freigericht.de

Hunde-Infos
Unterkunft: Stadtrandlage. Haustier: Hund
Unterkunftskosten pro Tag ohne Futter: € 3,–,
Trocken/Nassfutter a. A.
Mitnahme in den Speiseraum möglich: ja
Erlaubte Hundeanzahl pro Gast: 1
Hundesitter-Dienst: nein
Auslaufmöglichkeit/Spazierweg: Parkanlage (2 Gehmin.),
Wald/Feld (5 Gehmin.), schöne Spazierwege entlang der Kahl
Bademöglichkeit: im Flüsschen Kahl (500 m) – seichtes Wasser, kaum Strömung, ca. 40–80 cm tief
Radweg: Maintal-Spessartradweg und diverse ausgeschilderte Radwege
Hundefreundliches Lokal: im Haus
Tierarzt: Dr. Grötzinger

Radisson SAS Schwarzer Bock Hotel *****

Kranzplatz 12
D-65183 Wiesbaden,
Region nahe Rheingau

Tel.: 0049/611/155-0, Fax: 0049/611/155-111
E-Mail: info.wiesbaden@radissonsas.com
Internet: www.wiesbaden.radissonsas.com

Hunde-Infos
Unterkunft: Innenstadtlage
Unterkunftskosten pro Tag ohne Futter: € 10,–, Futter a. A.
Mitnahme in den Speiseraum möglich: ja
Hundesitter-Dienst: nein
Auslaufmöglichkeit/Spazierweg: Parks in der Nähe, Wege rund um den Neroberg
Radweg: Wiesbadener Radnetz ca. 72 km
Hundefreundliches Lokal: Hotelrestaurant „Capricorne"
Ausflugstipp: Rheingau (Weinberge, div. Ausflugslokale)
Hundeschule/Agility: Hundeschule Löb (Tel. 0049/611/4296053) oder Verein der Hundefreunde Wiesbaden (Tel. 0049/611/590310)
Tierarzt: Dr. Wolfgang Alstaeden, Nerotal 41, Tel. 0049/611/9590116

Hotel Aumüller-Traube ****

Rheinstraße 6 und 9
D-65385 Rüdesheim, Region Rheingau

Tel.: 0049/6722/9140, Fax: DW 1573
E-Mail: hotel@traube-aumueller.com
Internet: www.traube-aumueller.com

Hunde-Infos

Unterkunft: zentrale Lage direkt am Rhein; Hundedecke/Futternapf a. A.
Unterkunftskosten pro Tag ohne Futter: € 5,–
Futter € 4,– pro Mahlzeit. Mitnahme in den Speiseraum erlaubt: ja
Erlaubte Hundeanzahl pro Gast: 3. Hundesitter-Dienst: nein
Auslaufmöglichkeit: am Rhein entlang
Hundefreundliches Lokal: im Hotel sind 4 Restaurants
Tierarzt: Dr. Dämmer, Rüdesheim, Tel. 0049/6722/2839

Ausflugstipp

Rhein-Schifffahrt für Hund & Herrchen/Frauchen
Hunde sind auf den Schiffen willkommen, und es wird den Gästen auf vier Pfoten Wasser serviert. Kleine und mittlere Hunde reisen bei den regulären Schifffahrten kostenlos mit, für große Hunde ist eine Gebühr von € 1,– zu entrichten. Sehenswert u. a.: Burg Rheinstein, Ruine Ehrenfels, Mäuseturm.

Kontakt: Rössler Linie
Lorcher Straße 34, D-65385 Rüdesheim-Assmannshausen
Tel. 0049/6722/2353, Fax: DW 4519
E-Mail: info@RoesslerLinie.de
Internet: www.RoesslerLinie.de

NH Frankfurt Rhein-Main ****

Kelsterbacher Straße 19–21
D-65479 Raunheim

Tel.: 0049/6142/990-0, Fax: DW 100
E-Mail: nhrheinmain@nh-hotels.com
Internet: www.nh-hotels.com

Hunde-Infos

Unterkunft: Lage Flughafen, Waldrand
Unterkunftskosten pro Tag ohne Futter: € 15,–
Mitnahme in den Speiseraum möglich: a. A.
Erlaubte Hundeanzahl pro Gast: 2
Hundesitter-Dienst: nein. Auslaufmöglichkeit/Spazierweg: Wald hinter dem Hotel
Radweg: vorhanden. Bademöglichkeit: Badesee (20 Gehmin.)
Tierarzt: in Rüsselsheim (ca. 5 km)

Ferienwohnung Hannelore Emmel

Zu Wenigvillmar 2
D-65594 Runkel, Region Lahntal (Limburg)

Tel.: 0049/6482/911880, Mobil: 0049/171/8412675

Hunde-Infos
Unterkunft: Lage Nähe Zentrum; Hundedecke/Futternapf a. A.
Unterkunftskosten pro Tag ohne Futter: € 2,–, Futter a. A.
Erlaubte Hundeanzahl pro Gast: 2. Hundesitter-Dienst: ja
Auslaufmöglichkeit/Spazierweg/Radweg: ja. Bademöglichkeit: in der Lahn
Ausflugstipp: Limburg, Weilburg, Bad Camberg
Hundeschule/Agility: SV Hundeverein in Ennerich
Tierarzt: in Niederbrechen/Limburg

Ferienwohnung „Helene", Familie Pohl

Am Hang 2a
D-65606 Villmar-Weyer, Region Lahn-Dillkreis Taunus/Westerwald

Tel.: 0049/6483/805077, Fax: 0049/6483/806788
E-Mail: pohl.weyer@t-online.de
Internet: www.ferienwohnung-villmar-weyer.de

Hunde-Infos
Unterkunft: Lage in ruhigem Wohngebiet, umgeben von Bauernhöfen und Pferdekoppeln
Unterkunftskosten pro Tag ohne Futter: keine. Auslaufmöglichkeit: ausreichend vorhanden auf 500 m² großem Garten, Feld- und Weideflächen (200 m)
Spazierweg: Lahnwege, Taunus und Westerwald, Waldlehrpfad in unmittelbarer Nähe
Radweg: Lahnradweg (3 km). Ausflugstipp: Kristallhöhle Kubach, Tierpark Weilburg

Campingplatz Hof Gimbach

Hof Gimbach
D-65779 Kelkheim/Taunus

Tel.: 0049/6195/3241, Fax: 0049/6195/72213
E-Mail: info@hof-gimbach.de
Internet: www.hof-gimbach.de

Hunde-Infos
Unterkunft: Waldrandlage, großes Gartenlokal
Unterkunftskosten pro Tag ohne Futter: keine, Futter a. A.
Mitnahme in den Speiseraum möglich: ja. Hundesitter-Dienst: nein
Spazierweg: durch Felder und Wälder, viele Wanderwege. Radweg: vorhanden
Tierarzt: Dr. Menzel, Hatterheimerstraße 13, D-65719 Hofheim

Bundesland Mecklenburg-Vorpommern

Beim Megatrend „Wellness" ist Mecklenburg-Vorpommern schon aufgrund seiner „natürlichen Anlagen" Trendsetter. So ist Mecklenburg-Vorpommern nicht nur Deutschlands größte Badewanne, sondern wohl auch seine sauberste. Daneben ist die Luft im ostdeutschen Küstenland die sauberste in ganz Deutschland. Wegen der stetig frischen Meeresbrise und der geringen Emissionen liegt das Land seit Jahren so weit unter den EU-Grenzwerten und unter dem Bundesdurchschnitt, dass in den Ministerien noch nicht einmal Pläne für einen Smog-Alarm vorliegen. Das Wasser beschert dem Land auch einen dritten Superlativ: Weil das Seeklima die Wolkenbildung hemmt, sind die Inseln Usedom und Rügen nach Messungen des Deutschen Wetterdienstes Deutschlands sonnenreichste Regionen.

Vorpommern ist Teil des Bundeslandes Mecklenburg-Vorpommern und befindet sich im Nordosten Deutschlands. Neben den beiden größten deutschen Inseln Rügen und Usedom sowie der Halbinsel Fischland-Darss-Zingst besteht Vorpommern aber auch aus sehr viel Festlandküste.

Schöne Strände zum Baden und Spazieren gehen gibt es auch an den Küsten von Haff und Bodden. Absolut sehens- und bereisenswert ist das Küstenvorland mit seiner Tier- und Pflanzenwelt, seinen Flüssen und Alleen. Vorpommern ist dünn besiedelt, doch die Menschen, die man trifft, haben Herz und Charme.

Die Vorpommersche Boddenlandschaft mit dem größten Kranichrastplatz

Nordeuropas, das Recknitztal mit dem Kurort Bad Sülze, das Trebeltal mit seiner Moorlandschaft, das Seebad Lubmin am Greifswalder Bodden, Wolgast am Peenestrom mit seiner großen Werft, das Peenetal mit wunderbarer Kulisse zum Wasserwandern und seinen Hansestädten Demmin und Anklam, das Segelrevier Stettiner Haff und die Idylle der Ueckermünder Heide bieten insgesamt eine Vielfalt landschaftlicher Eindrücke und jeweils für sich unterschiedlichste Möglichkeiten der Freizeitgestaltung zu allen Jahreszeiten.

Die Balance der Gegensätze macht die Region so reizvoll. Idyllische Natur mit Bibern, Störchen und aller Seelenruhe der Welt wechseln ab mit lebendiger Dynamik der urbanen Zentren. Greifswald zum Beispiel präsentiert sich maritim und universitär. Inmitten Backsteingotik und Hanseflair, zwischen restaurierten Gebäuden, gepflastertem Marktplatz und dem leuchtend roten Rathaus floriert studentisches Leben. Tradition und Fortschritt geben sich die Hand.

Radfahren ist eine der beliebtesten Sportarten in Vorpommern. Vom kleinen Ausflug bis zur anspruchsvollen Tour ist alles möglich. Organisierte Touren mit Gepäcktransport, vorgebuchten Hotels und komfortablem Service gibt es im Internet unter www.ostsee-radtouren.de. Vielseitige Tipps für Tagesausflüge per Rad oder zu Fuß enthält die Erlebniskarte Vorpommern.

Kontakte

Tourismusverband Mecklenburg-Vorpommern e. V.
Platz der Freundschaft 1, D-18056 Rostock
Tel.: 0049/381/4030500, Fax: 0049/381/4030555
E-Mail: info@auf nach-mv.de
Internet: www.auf-nach-mv.de

Regionaler Fremdenverkehrsverband Vorpommern e.V.,
Fischstraße 11, D-17489 Greifswald
Tel.: 0049/3834/891-0, Fax: DW 555
E-Mail: info@vorpommern.de
Internet: www.vorpommern.de

Ausflugstipp

Tierpark Ueckermünde
Chausseestraße 76, D-17373 Ueckermünde
Tel. 0049/39771/549410, Fax: DW 549411
E-Mail: info@tierpark-ueckermuende.de
Internet: www.tierpark-ueckermuende.de
Im Park ist das Mitführen von Hunden an der Leine erlaubt.

Hundestrände Ostsee

(Karte Mecklenburg-Vorpommern mit folgenden Orten: Poel, Rerik, Mecklenburger Bucht, Heiligendamm, Kühlungsborn, Nienhagen, Warnemünde, Dienhagen, Graal-Müritz, Rostock, Hiddensee, Wiek, Rügen, Binz, Selin, Baabe, Göhren, Thiessow, Usedom)

Strand- und Meeraufenthalt für Vierbeiner – an folgenden Stränden sind Hunde willkommen:

Insel Usedom

Nicht nur die weißen Strände der Insel sind sehenswert, auch eine Wanderung durch den ausgedehnten Naturpark erfreut Hundeherzen ebenso wie eine Radtour durch die idyllischen Dörfer Usedoms. Es sind Hundetüten bei allen Tourist-Informationen erhältlich.

Hundestrände gibt es in folgenden Seebädern:
- Ostseebad Karlshagen
- Ostseebad Zinnowitz
- Seebad Loddin
- Seeheilbad Bansin
- Seebad Trassenheide
- Seebad Zempin
- Seebad Ückeritz

Kontakt

UTG – Usedom-Tourismus GmbH
Bäderstraße 5
D-17459 Seebad Ückeritz
Tel.: 0049/38375/23410
E-Mail: utg.info@t-online.de
Internet: www.usedom.de

Mecklenburg-Vorpommern

Aufenthalt in der Ostsee-Therme Usedom mit Hundesitter-Dienst

Während Sie sich in der Ostsee-Therme Usedom im Ostsee-Heilbad Ahlbeck aufhalten, wird Ihr Hund vom Tierhof Labömitz betreut.
Ansprechpartner ist Herr Wetzel, Tel. 0049/38379/20179 oder
0049/172/9474156. Informationen zur Therme erhalten Sie im Internet unter www.ostseetherme-usedom.de.

Kontakt

Zweckverband Kaiserbäder Insel Usedom
Ostsee-Therme Usedom
Lindenstraße 60, D-17419 Ostseeheilbad Ahlbeck
Tel.: 0049/38378/2730, Fax: 0049/38378/22370
E-Mail: ostseetherme@drei-kaiserbaeder.de
Internet: www.drei-kaiserbaeder.de

Insel Rügen

Rügen präsentiert sich als wahres Hundeparadies und verfügt über eine Küstenlänge von 580 km. Aber nicht nur Steilküsten, auch 60 km lange Sandstrände und die berühmten Kreidefelsen – all das erwartet Sie hier. Binz, das größte Seebad auf Rügen, liegt an einer der schönsten Buchten der Insel, der Prorer Wiek. Südlich von Binz befindet sich das Jagdschloss Granitz – ein idealer Aussichtsplatz über weite Teile Rügens.

Ausflugstipps:

Kap Arkona: zwei Leuchttürme,
Insel Hiddensee: nur per Fähre zu erreichen,
Nationalpark Jasmund: größter weißer Kreidefelsen „Königsstuhl" (118 m) (Leinenpflicht),
400 m lange Seebrücke Sellin

Hunde-Lokaltipp

Ostseebad Göhren:
Restaurant „Kajüte 7", Marienstraße 1, D-18586 Göhren, Tel. 0049/38308/2417

Hundestrände:
- Ostseebad Thiessow, 2,5 km, Naturstrand sowie Sandstrand, von Algen gereinigt
- Ostseebad Göhren, 3,5 km, besitzt zwei Strände: den Nord- und den Südstrand. Letzterer ist naturbelassen, und hier können auch Hundebesitzer den Strand für Spaziergänge nutzen. Am Nordstrand, dem bewachten Hauptstrand, gibt es zwei Abschnitte für Hunde: von der Seebrücke aus in Richtung Baabe sowie in Richtung Steilküste. Am Strandabschnitt Richtung Baabe haben Hundebesitzer auch die Möglichkeit, einen Strandkorb zu mieten.

87

- Ostseebad Baabe, 2 km
- Ostseebad Sellin, 2 km
- Ostseebad Binz, 5 km
- Wieck, Sandstrand (6 km, Bakenberg, Juliusruh)
- Seebad Hiddensee, 14 km
- Bakenberg/Nonnevitz, 7 km
- Gager, 2 km
- Prora, 6 km
- Seebad Glowe bis Seebad Juliusruh (Schaabe), 10 km
- Badestrand Wreechen

Kontakt

Tourismuszentrale Rügen GmbH
Bahnhofstraße 15
D-18528 Bergen auf Rügen
Tel.: 0049/3838/8077-0, Fax: 0049/3838/254440
E-Mail: info@ruegen.de
Internet: www.ruegen.de

Region Rostock

Einen feinen, weißen Sandstrand findet man entlang der Rostocker Ostseeküste von Diedrichshagen im Westen bis nach Markgrafenheide im Osten. Sehenswert ist auch das Seebad Warnemünde mit Mole, Leuchtturm und den typischen Fischer-Häuschen. Im Rostocker Stadtzentrum bietet die Kirche St. Petri mit ihrer Aussichtsplattform einen herrlichen Blick auf die Hansestadt.

Ostseeheilbad Graal-Müritz: befindet sich direkt am Ostseestrand, nur 20 km von Rostock entfernt. Sehenswert: Rhododendron-Kurpark. Strandnah kann man am Internationalen Rad- und Wanderweg durch den Ort gelangen. Der Hundestrand ist am Bootsliegeplatz, Höhe Strandstraße.

Kontakt

Tourismus- und Kur GmbH
Rostocker Straße 3
D-18181 Ostseeheilbad Graal-Müritz
Tel. 0049/38206/703-0, Fax: DW 20
E-Mail: touristinformation.tuk@graal-mueritz.de
Internet: www.graal-mueritz.de

Ostseebad Kurregion Warnemünde: von Diedrichshagen bis Markgrafenheide – elegantes, staatlich anerkanntes Seebad an der Ostseeküste von Mecklenburg-Vorpommern; mit kilometerlangem weißem Sandstrand, der von der Steilküste Stoltera im Westen bis zur Rostocker Heide am östlichen Ufer der Warnow reicht. Warnemünde bietet zwischen den ausgewiesenen

Strandaufgängen sehr schöne Hundestrände, allerdings sind vorne im Wasser einige Steine zu finden. In den Wintermonaten besteht die Möglichkeit, den ganzen Strand mit Hunden zu besuchen. In der Zeit vom 1. Mai bis 30. September sind mit Schildern gekennzeichnete Badestrandgebiete für die Mitnahme von Hunden ausgewiesen.
Für diese Hundestrände sind folgende Abschnitte bestimmt: Diedrichshagen: zwischen den Strandzugängen 32 und 33 sowie 36 und 37. In nur 20 Minuten gelangt man auch nach Hohe Düne/Markgrafenheide am Rande des großen Waldgebietes der Rostocker Heide. Hier befindet sich ein wunderschöner Sandstrand ohne Steine im Wasser. Man muss allerdings etwas wandern, um zum Hundestrand zu gelangen (zwischen den Strandzugängen 10, 11 und 12). In der Zeit vom 1. Oktober bis zum 30. April ist das Mitführen von Hunden im gesamten Badestrandgebiet des Seebadbereiches gestattet. Auch in dieser Zeit sollte jeder Hundebesitzer im Interesse aller Strandbesucher darauf achten, dass keine Verunreinigungen am Strand zurückbleiben.

Kontakt

Tourismuszentrale Rostock & Warnemünde
Neuer Markt 3
D-18055 Rostock
Tel.: 0049/381/3812222, Fax: 0049/381/3812601
E-Mail: touristinfo@rostock.de
Internet: www.rostock.de

Börgerende-Rethwisch

Zwischen Warnemünde und Bad Doberan gelegen, bietet dieses Feriendorf nicht nur Badevergnügen, sondern auch jede Menge anderer hundgerechter Aktivitäten, wie Wanderungen und Radtouren durch weite Felder, Wiesen und Baumalleen. Der naturbelassene Hundestrand ist ca. 150 m lang und befindet sich auf dem halben Weg zwischen Heiligendamm und Börgerende.

Kontakt

Touristinformation Börgerende-Rethwisch
Seestraße 14 a
D-18211 Börgerende
Tel. & Fax: 0049/38203/74973
E-Mail: info.boergerende-rethwisch@t-online.de
Internet: www.boergerende-rethwisch.de

Ostseebad Nienhagen

Das idyllische Ostseebad Nienhagen liegt direkt an der Ostsee zwischen Warnemünde und Heiligendamm und bietet sowohl Steilküste als auch eine faszinierende Waldlandschaft. Nicht nur baden können hier Zwei- und Vierbeiner, sondern auch durch Felder radeln oder im Waldgebiet wandern. Beim ausgedehnten Gassigang durch den „Gespensterwald" begegnet man bizarren, märchenhaft anmutenden Bäumen. Vierbeiner erfreuen sich am 800 m langen Hundestrand.

Kontakt
Kurverwaltung
Strandstraße 16
D-18211 Ostseebad Nienhagen
Tel. & Fax: 0049/38203/81163
E-Mail: kv-nienhagen@freenet.de
Internet: www.ostseebad-nienhagen.de

Ostseebad Heiligendamm

Heiligendamm ist ein seit über 200 Jahren bekannter Kur- und Badeort. Wenn Herrchen/Frauchen bei erholsamen Kuranwendungen entspannen, sollte in deren Abwesenheit der Vierbeiner von einem Hundesitter-Dienst betreut werden (bei der Hotelbuchung auf entsprechendes Hundesitter-Dienst-Angebot achten!). Und nach dem Verwöhnprogramm stehen wieder gemeinsame Aktivitäten am Programm: Am sehr schönen Hundestrand inmitten der Kurpromenade können Mensch und Hund herrlich toben, spielen und im Wasser plantschen.

Kontakt
Tourist-Information Bad Doberan/Heiligendamm
Alexandrinenplatz 2
D-18209 Bad Doberan
Tel.: 0049/38203/62154, Fax: 0049/38203/77050
E-Mail: touristinfo@bad-doberan.de
Internet: www.heiligendamm.de

Ostseebad Kühlungsborn

Der feinsandige Strand zieht sich über fast sechs km vom östlichen zum westlichen Ortsende und wird während der Saison täglich gereinigt – auch die Hundestrände. Das flach abfallende Wasser eignet sich ideal für den Einstieg von Hunden ins Meer. Der Strand zwischen Kühlungsborn und Rerik ist naturbelassen – herrlicher schmaler Wanderweg oberhalb der Steilküste mit eindrucksvollen Blicken über die Teufelsschlucht oder die Liebesschlucht.
Beim Spaziergang an der Strandpromenade sind Hunde anzuleinen. Es befinden sich hier zwei Hundestrände:

- Hundestrand Kühlungsborn Ost: an der Marina (östlich vom Bootshafen), Parkplatz an der Gaststätte, langer Fußweg – 1200 m
- Hundestrand Kühlungsborn West: sehr empfehlenswerter, schöner Sandstrand, ca. 500 m vom Parkplatz, östlich vom Konzertgarten West

Kontakt
Touristik-Service-Kühlungsborn GmbH
Ostseeallee 19, D-18225 Ostseebad Kühlungsborn
Tel.: 0049/38293/849-0, Fax: DW 30
E-Mail: info@kuehlungsborn.de
Internet: www.kuehlungsborn.de

Ostseebad Rerik

Zwischen Ostsee und Salzhaff mit der vorgelagerten Halbinsel Wustrow befindet sich das ehemalige Fischerdorf „Alt Gaarz", das jetzige Ostseebad Rerik. Entlang der Steilküste und der Haffpromenade kann man ausgedehnte Spaziergänge mit Hund unternehmen.

Hundestrand Rerik/Teufelsschlucht: romantisch und ruhig gelegen. Lage: durch den Ort Rerik Richtung Menschendorf-Osten, hinter der Eigenheimsiedlung den Feldweg links hinunter zum Strand. Eine steile Holztreppe führt über ca. 10 m zum Strand. Gebührenfreie Parkplätze vorhanden.

Kontakt
Kurverwaltung
Dünenstraße 7, D-18230 Ostseebad Rerik
Tel.: 0049/38296/78429, Fax: 0049/38296/78513
E-Mail: ostseebad-rerik@t-online.de
Internet: www.rerik.de

Insel Poel

Auf dieser Insel findet man diverse Landschaftsformen vor: Von den flach ansteigenden Stränden an der Nord- und Westküste über die Schutzwälder entlang der schroffen Steilwände bis zum höchsten Inselpunkt wechseln sich Senken und Hügel, Weiher und Bauminseln ab. Hunde sind auf der Insel gerne willkommen, jedoch gilt wegen der an mehreren Stellen Poels befindlichen Naturschutzgebiete ein generelles Anleingebot für die Vierbeiner. Einige spezielle Hundestrände sind vorhanden:
- Gollwitz (Richtung Westen)
- Am Schwarzer Busch
- Timmendorfer Strand (Richtung Osten)

Kontakt
Kurverwaltung Insel Poel, Wismarsche Straße 2, D-23999 Kirchdorf
Tel.: 0049/38425/20347, Fax: 0049/38425/4043
E-Mail: insel-poel@t-online.de   Internet: www.insel-poel.de

Wohlenberger Wieck

Zwischen den Touristenzentren Boltenhagen und Wismar gelegen, ist diese Region ein Paradies für Wanderer, Badehungrige und Urlauber mit Hund. Hier können Sie mit Ihrem Vierbeiner über Hügel, entlang kleiner Mischbaum- und Auenwäldchen, durch Kopfweiden und entlang von Blumenwiesen, Bächen, Brücken, Wassertümpeln und Feldrändern, dicht bewachsenen Teichen und Seen spazieren.

Hundestrand Wohlenberg: ein breiter, teilweise grün bewachsener Sandstrand mit großer Flachwasserzone (Vorsicht: zur Mole hin schnell tief werdend!) – ideal für den Einstieg ins Meer mit Hund. Die hohen Pappeln am Strand sorgen für Schatten. Ausreichend Parkmöglichkeit ist vorhanden.

Kontakt

Tourismus- und Heimatverein
Wohlenberger Wieck und Umland e.V.
Kirschenallee 24
D-23968 Proseken
Tel.: 0049/38428/60459, Fax: DW 6030100
Internet: www.nordwestmecklenburg.de

Ostseebad Boltenhagen

Das Ostseebad Boltenhagen liegt zwischen Lübeck und Wismar und besticht durch seinen weißen, steinfreien Sandstrand und kristallklares Wasser. Aus hygienischen Gründen werden Hunde in der Zeit vom 15.05. bis 15.09. auf öffentlichen Stränden nicht geduldet – nur an den ausgewiesenen Hundesträndern. Im gesamten Gemeindegebiet besteht Leinenzwang für Hunde. Es gibt zwei Hundestrände ohne Strandkörbe:

Hundestrand Boltenhagen West: an der Steilküste, steiniger Strand, begrenzte Parkmöglichkeit.

Hundestrand Boltenhagen/Tarnewitz: östlich hinter der Albin-Köbis-Siedlung, Sandstrand, große Flachwasserzone.

Kontakt

Kurverwaltung
Ostseeallee 4
D-23946 Ostseebad Boltenhagen
Tel.: 0049/38825/360-0, Fax: DW 30
E-Mail: ostseebad-boltenhagen@t-online.de
Internet: www.boltenhagen.de

Mecklenburg-Vorpommern

Hotel Die kleine Sonne – Hotel Garni ***

Steinstraße 7
D-18055 Rostock, Region Ostsee

Tel.: 0049/381/4612-0, Fax: DW 1234
E-Mail: info@die-kleine-sonne.de
Internet: www.die-kleine-sonne.de

Hunde-Infos
Unterkunft: direkt im Zentrum, Rosenpark (2 Gehmin.)
Unterkunftskosten pro Tag ohne Futter: € 9,–
Mitnahme in den Speiseraum möglich: ja (Leine)
Erlaubte Hundeanzahl pro Gast: 1 Hund pro Zimmer
Hundesitter-Dienst: auf Anfrage
Auslaufmöglichkeit: im Rosengarten
Spazierweg: viele verschiedene Möglichkeiten, z. B. „Stadterkundung" mit Gehzeit von 1–3 h
Bademöglichkeit: Ostsee mit Hundestrand in Markgrafenheide: Hundestrand in Richtung Fähre Hohe Düne, d. h. aus Markgrafenheide Richtung Breitling fahrend auf der rechten Seite am Ende des Strandes (s. Hundestrandinfo Warnemünde, S. 86)
Radweg: Radwege Mecklenburg Vorpommern und Ostsee bzw. Skandinavien Radweg
Hundeschule/Agility: Hundesportverein „Hansestadt Rostock" Ligusterweg 1 a, D-18147 Rostock
Tierarzt: Dr. Erwin Wejda, Neubrandenburger Straße 65, D-18055 Rostock

Courtyard by Marriott ****

Kröpeliner/Schwaansche Straße 6
D-18055 Rostock

Tel.: 0049/381/49700, Fax: 0049/381/4970700
E-Mail: reservation.rostock@courtyard.com
Internet: www.marriott.de

Hunde-Infos
Unterkunft: Lage im Stadtzentrum
Unterkunftskosten pro Tag ohne Futter: € 8,–
Mitnahme in den Speiseraum möglich: ja
Erlaubte Hundeanzahl pro Gast: auf Anfrage
Hundesitter-Dienst: nein. Auslaufmöglichkeit: Wallanlagen (Park) in der Nähe
Spazierweg: Küstenland mit Wiesen und Wäldern
Bademöglichkeit: Ostsee Hundestrand (ca. 10 km) (s. Hundestrandinfo, S. 86, 88)
Radweg: verschiedene Fahrradrouten. Ausflugstipp: IGA Gelände (Leine)
Hundeschule/Agility: Hundesportschule Hansestadt Rostock e.V.
Tierarzt: Tierklinik Rostock, Thierfelderstrasse 19, D-18059 Rostock,
Tel. 0049/381/4001551

InterCityHotel ***
Herweghstraße 51
D-18055 Rostock

Tel. & Fax: 0049/381/49500
E-Mail: rostock@intercityhotel.de
Internet: www.intercityhotel.de

Hunde-Infos
Unterkunftskosten pro Tag ohne Futter: € 8,–
Mitnahme in den Speiseraum möglich: nein
Erlaubte Hundeanzahl pro Gast: 2
Hundesitter-Dienst: nein
Auslaufmöglichkeit: Wiese in der Nähe (50 m)
Spazierweg: vom Wasserturm bis zur Warnow (12 Gehmin.)
Bademöglichkeit: 13 km bis zur Ostseeküste, Hundebadestrand (s. Hundestrandinfos, S. 86, 88)
Hundefreundliches Lokal: Zum Alten Fritz (Braugasthaus)
Ausflugstipp: Ostseeküste (13 km), Zoo Rostock (Hunde erlaubt), Münsterpark, IGA Park, Wallanlagen, Freilichtmuseum Klockenhagen,
Tierarzt: Dr. D. Krüger, Thomas Mann-Straße 13, D-18055 Rostock

Ferien- & Appartementhaus Sonnenberg
Am Bootsgraben 08
D-18112 Börgerende

Tel.: 0049/1723863238, Fax: 0049/381/7788532
E-Mail: info@urlaub-warnemuende-boergerende.de
Internet: www.urlaub-warnemuende-boergerende.de

Hunde-Infos
Unterkunft: ruhige Waldrandlage mit viel Auslaufmöglichkeit; Hundedecke/Futternapf a. A.
Unterkunftskosten pro Tag ohne Futter: € 5,–, Futter a. A.
Erlaubte Hundeanzahl pro Gast: 2
Auslaufmöglichkeit/Spazierweg: direkt ab Haus, Wald, Wiesen, Feld
Bademöglichkeit: Ostsee, Hundestrand (5 Gehmin.) (s. Hundestrandinfo Warnemünde, S. 86, 88)
Ausflugstipp: Rostocker Zoo (Maulkorb)
Hundeschlue/Agility: in der Nähe Bad Doberan
Tierarzt: im Ort

Apartmenthaus Chrischanshof ***

Mühlenstraße 35/36
D-18119 Rostock-Warnemünde

Tel.: 0049/381/2001850, Fax: 0049/381/2001862
E-Mail: buchung@chrischanshof.de
Internet: www.chrischans-hof.de

Hunde-Infos
Unterkunft: Zentrumslage
Unterkunftskosten pro Tag ohne Futter: keine
Erlaubte Hundeanzahl pro Gast: 1
Hundesitter-Dienst: nein
Auslaufmöglichkeit: Stadtpark in der Kurhausstraße (5 Gehmin.) mit Hundewiese
Spazierweg: Küstenweg Richtung Heiligendamm, durch den Ort u. a.
Bademöglichkeit: ausgewiesener Hundestrand (s. Hundestrandinfo Warnemünde, S. 86, 88)
Radweg: z. B. Küstenweg Richtung Heiligendamm, Ostseeradfernwege ausgeschildert
Ausflugstipp: Zoo Rostock, ehem. IGA-Gelände (Leine)
Tierarzt: Tierklinik Rostock, Thierfelderstr. 19, Tel.: 0049/381/4001549

Gut Klein Nienhagen
Ferien- und Pferdehof, Fewo + Heuhotel

Dorfstraße 10
D-18236 Klein Nienhagen

Tel.: 0049/38292/78991, Fax: 0049/38292/78992
E-Mail: gut-klein-nienhagen@t-online.de,
info@gutshofurlaub.de
Internet: www.gutshofurlaub.de

Hunde-Infos
Unterkunft: Lage zw. Wismar und Rostock, 15 Automin. zur Ostsee; Tiere: Pferde
Unterkunftskosten pro Tag ohne Futter: € 2,30
Mitnahme in den Speiseraum möglich: ja
Erlaubte Hundezahl pro Gast: beliebig
Hundesitter-Dienst: wird vor Ort organisiert
Bademöglichkeit: Osteebäder Heiligendamm und Kühlungsborn (s. Hundestrandinfo, S. 86, 90), zahlreiche Naturbadestellen, Badeteich (5 Gehmin.)
Hundefreundliches Lokal: M's Brutzel in Kröpelin und weitere auf Anfrage
Hundeschule/Agility: in Kröpelin und Bad Doberan (je ca. 10–15 Automin.)
Hunde-Extra: Workshops über Naturheilverfahren für Groß- und Kleintiere mit der Tierheilpraktikerin Bianka-Maria Meyer, Termine a. A.

Gästehaus Labrador, Inh. Jana Schulz

Gutsstraße 15
D-18516 Süderholz-Wüsteney, Region Nordvorpommern

Tel. & Fax: 0049/38332/229, Mobil: 0049/170/9015543
E-Mail: schulz57@freenet.de
Internet: www.labbi-lady.de

Hunde-Infos
Unterkunft: Haustiere: Labradorhündin am angrenzenden Grundstück; Futternapf a. A.
Unterkunftskosten pro Tag ohne Futter: bis 3 Hunde kostenlos, jeder weitere € 1,50/Tag, Futter a. A.
Erlaubte Hundeanzahl pro Gast: beliebig
Hundesitter-Dienst: Kosten nach Absprache
Auslaufmöglichkeit: eingezäuntes Grundstück, Möglichkeit der Nutzung eines weiteren hundesicheren Auslaufs von ca. 2.500 m² nach Absprache sowie Wiese direkt hinter dem Grundstück. Gassiweg-Beratung im Haus.
Spazierweg/Radweg: mehrere Wander- und Radrouten
Bademöglichkeit: Schwimmteich für Hunde direkt am Grundstück, für Zwei- und Vierbeiner der Wampener Strand bei Greifswald (18 km), Badestellen an der Bodenküste zwischen Brandshagen und Stahlbrode (30 km)
Hundefreundliche Lokale: Poggendorfer Dorfkrug (Tel. 0049/38331/80178), Pizzeria Romantica (Tel. 0049/3834/2289), Lange Reihe 11, in Greifswald. Hier besteht die Möglichkeit, nach Absprache, den Aufenthalt Ihrer Vierbeiner in einer Gaststätte zu trainieren.
Ausflugstipp: Naturerlebnispark Gristow (Leine), Greifswalder Heimattierpark (Leine), Nautineum Dänholm in Stralsund (Leine)
Hundeschule/Agility: Verein der Hundefreunde Loitz e. V. (Agility u. THS), Tel. 0049/39954/21394 (12 km)
Tierarzt: Tierarztpraxis Rüdiger Witt, Kandeliner Hauptstraße 10, D-18516 Süderholz-Kandelin, Tel. 0049/38332/80306 (3 km)
Hunde-Extra: gemeinsame Spaziergänge oder Wanderungen, eine aufliegende Info-Mappe enthält viele Tipps über Wander- und Radfahrrouten, Hundestrände und einsame Badestellen, Ausflugsziele, Kartenmaterial, TÄ sowie Versorgungsmöglichkeiten mit Frischfleisch

Waldcampingplatz Nipmerow

Dorfstraße 5
D-18551 Lohme OT Nipmerow, Region Rügen

Tel. Saison: 0049/38302/9244, Fax Saison: 0049/38302/56308
Tel. & Fax: 0049/38302/53220
E-Mail: krueger@waldcampingplatz-ruegen.de
Internet: www.waldcampingplatz-ruegen.de

Hunde-Infos
Unterkunft: Lage nordöstlich von Rügen
Hundedecke/Futternapf a. A.
Unterkunftskosten pro Tag ohne Futter: gratis, Futter a. A.
Mitnahme in den Speiseraum möglich: ja
Erlaubte Hundeanzahl pro Gast: offen. Hundesitterdienst: nein
Auslaufmöglichkeit: ca. 10 ha Nationalparkgelände
Spazierweg: Campingplatz-Kreidefelsen-Saßnitz
Bademöglichkeit: Hundebadestrand Schaabe (8 km) (s. Hundestrandinfo Rügen, S. 87), kleiner Murmelsee (100 m)
Radweg: quer durch den Nationalpark
Hundefreundliches Lokal: Gaststätte „Zur Spechthöhle"
Ausflugstipp: Nationalpark Jasmund
Tierarzt: Dr. med. vet. J. Zeitzmann, Schulstraße 8, D-18551 Sagard, Tel. 0049/38302/2451 (5 km). Hunde-Extra: Hundewanderungen direkt vom Platz

Ferienhaus Weaver (4–6 Personen)

Ulmenweg 4a
D-18556 Wiek auf Rügen

Tel. & Fax: 0049/228/363341
E-Mail: info@ruegendays.de
Internet: www.ruegendays.de

Hunde-Infos
Unterkunft: Lage in ruhiger Wohnhaussiedlung am Ortsrand, großer Garten
Unterkunftskosten pro Tag ohne Futter: keine bzw. ab 3. Hund € 5,–/Tag
Erlaubte Hundeanzahl pro Gast: 1, mehrere a. A. Hundesitter-Dienst: nein
Auslaufmöglichkeit: großer eingezäunter Garten am Haus, Naturstrand mit Wald (ca. 600 m)
Spazierweg: Strand, Feld- und Waldwege direkt in der Nähe, auch entlang der Felsen bei Kap Arkona, durch die Pinienwälder entlang der Sandküste bei Glowe und Juliusruh
Bademöglichkeit: Sandstrände (6 km, Bakenberg, Juliusruh) (s. Hundestrandinfo Rügen/Wiek, S. 87)
Radweg: z. B. zum Badestrand oder nach Kap Arkona, Insel Rügen Rundfahrweg
Ausflugstipp: Kap Arkona, Fischerdorf Vitt, Hiddensee, Badeort Binz usw.
Tierarzt: Peter Greschniok, D-18556 Altenkirchen, Max-Reimann-Straße 2 a,
Tel. 0049/38391/398

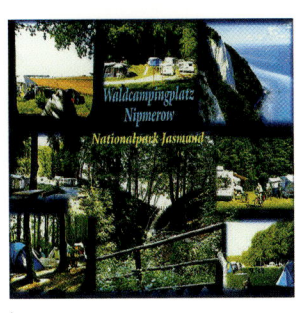

Hotel Wreecher Hof ****

Kastanienallee 1
D-18581 Putbus/Wreechen, Region Insel Rügen

Tel. & Fax: 0049/38301/850
E-Mail: info@wreecher-hof.de
Internet: www.wreecher-hof.de

Hunde-Infos
Unterkunft: Ortsrandlage, direkt am Naturschutzgebiet im Biosphärenreservat Südostrügen; Haustier: Hund; 2 Näpfe (Begrüßungsleckerchen)
Unterkunftskosten pro Tag ohne Futter: € 6,–, Futter a. A.
Mitnahme in den Speiseraum möglich: ja
Erlaubte Hundeanzahl pro Gast: auf Anfrage
Hundesitter-Dienst: auf Anfrage
Auslaufmöglichkeit: 3,2 ha Hotelareal
Spazierweg: direkt ab Hotel durch Wiesen, Wälder und Felder
Bademöglichkeit: Badestrand Wreechen (1 km), zahlreiche Hundebadestrände (s. Hundestrandinfo Rügen, S. 87)
Radweg: Radwegenetz auf Rügen
Tierarzt: Dr. Willi Dreyer, Serams bei Binz, Tel. 0049/38393/31704

Hotel „Godewind"

De niege Wech 7
D-18586 Ostseebad Thiessow, Region Insel Rügen

Tel. & Fax: 0049/38308/30337
E-Mail: info@godewind-thiessow.de
Internet: www.godewind-thiessow.de

Hunde-Infos
Unterkunft: Ortslage
Unterkunftskosten pro Tag ohne Futter: € 5,–
Mitnahme in den Speiseraum möglich: ja
Erlaubte Hundeanzahl pro Gast: 1
Hundesitter-Dienst: nein
Auslaufmöglichkeit/Spazierweg: Wiese, Naturstrand (5 Gehmin.), Wanderwegenetz, Strandspaziergänge
Bademöglichkeit: Hundestrand (10–15 Min.) (s. Hundestrandinfo Rügen, S. 87)
Tierarzt: 15 km Entfernung, Tel. Nr. lt. Gästeinfo im Zimmer

Bundesland Niedersachsen

Mit über 47.500 km² ist Niedersachsen größer als Belgien, Dänemark oder die Niederlande, und als einziges deutsches Bundesland hat Niedersachsen Anteil an fünf naturräumlichen Großlandschaften, die sich hinsichtlich ihrer Entstehung und ihrer natürlichen Ausstattung deutlich voneinander unterscheiden. Wen wundert es da, dass Niedersachsen immer eine Reise wert ist?

Urlaub mit Vierbeinern in der Natur

Unberührte Landschaft so weit das Auge reicht – alleine die zwei Nationalparks sind ein atemberaubendes Naturerlebnis. Das Wattenmeer mit seinen endlosen Salzwiesen, Dünen und Sandbänken ist der Lebensraum von Seehunden, Muscheln, Krabben und seltenen Vogelarten. Ganz anders der wildromantische Harz, ein Felsbiotop inmitten ausgedehnter Wälder, plätschernder Bäche und glasklarer Seen. Genauso sehenswert präsentieren sich die zahlreichen Naturparks. Egal ob in der Lüneburger Heide, am Steinhuder Meer, in der Wildeshauser Geest oder im Weserbergland – überall sind Mensch und Hund eingeladen, die geschützte Tier- und Pflanzenwelt zu ergründen.

Wandern und Radeln mit Hund

Wandern, egal ob als gemütliche Tagestouren oder mehrtägiger Wanderurlaub, die vielen Lehr- und Erlebnispfade führen dort lang, wo Niedersachsen am schönsten ist. Auch auf zwei Rädern ist Niedersachsen wunderschön mit den hervorragend ausgebauten Radwanderwegen zu entdecken. Allein im Osnabrücker Land steht den Radfahrern ein über 2200 km langes und gut ausgeschildertes Radwegenetz zur Verfügung. Besonders reizvoll sind Erlebnisstrecken wie beispielsweise die Deutsche Sielroute, die Storchenroute oder die Internationale Dollart-Route. Typisch niedersächsische Themen sind entlang der verschiedenen Themenrouten zu finden, wie beispielsweise der Mühlenroute, der Museumsroute oder der Friesenroute.

Wellnessland Niedersachsen

Ein außergewöhnlich breites Spektrum an natürlichen Anwendungen und Therapiemöglichkeiten bieten dem Urlauber in Niedersachsen jede Form der Erholung, die er sich wünscht. Klima, Luft, Wasser, Moor, Sole oder Schwefel, das alles sind die Zutaten, die aus 53 niedersächsischen Orten Heilbäder oder Kurorte machen. Von der Nordseeküste über den Teutoburger Wald und das Weserbergland bis hinauf zu den Höhenzügen im Harz hat Niedersachsen ganz unterschiedliche Klimazonen mit unterschiedlicher Heilwirkung zu bieten, und zwischen Elbe und Ems finden sich viele heilende Bodenschätze. Nicht vergessen, eine Unterkunft mit Hundesitter-Dienst wählen, um die Kurangebote alle nutzen zu können!

Herrchen trinkt Tee, der Hund frisches Wasser

Ein Muss auf einer kulinarischen Reise durch Niedersachsen: die typische ostfriesische Tee-Zeremonie! Tee trinken kann jeder, aber die Ostfriesen haben ein ganz spezielles Ritual, mit dem sie ihren nachmittäglichen Tee zelebrieren. Ein „Klüntje" Kandiszucker und ein Löffel Sahne wird am Rand der mit Ostfriesen-Tee gefüllten Tasse abgesetzt. Die kalte Sahne läuft im heißen Tee hinunter und steigt langsam wieder auf. Umrühren? Falsch. Der Ostfriese trinkt dreistöckig: erst die milde Sahne, dann den herben Tee und zum guten Schluss den süßen Kandis.

Kontakt

TourismusMarketing Niedersachsen GmbH
Theaterstraße 4–5
D-30159 Hannover
Tel.: 0049/511/270488-0, Fax: 0049/511/270488-88
Email: info@tourismusniedersachsen.de
Internet: www.reiseland-niedersachsen.de

Ausflugstipps – in allen Parks ist das Mitführen von Hunden erlaubt

Wildpark Lüneburger Heide
D-21271 Nindorf
Tel.: 0049/4184/89390, Fax: DW 8240
E-Mail: info@wild-park.de
Internet: www.wild-park.de

Tier- und Freizeitpark Jaderberg
Tiergartenstraße 69
D-26349 Jaderberg
Tel.: 0049/4454/9113-0, Fax: 0049/4454/375
E-Mail: info@jaderpark.de
Internet: www.jaderpark.de

Dinosaurier-Park Münchehagen
Alte Zollstraße 5, OT Münchehagen
D-31547 Rehburg-Loccum
Tel. 0049/5037/2073, Fax: 0049/5037/5739
E-Mail: dino-park@t-online.de
Internet: www.dinopark.de

Erlebnis-Zoo Hannover
Adenauerallee 3
D-30175 Hannover
Tel.: 0049/511/28074-163, Fax: DW 212
E-Mail: info@zoo-hannover.de
Internet: www.zoo-hannover.de

Ausflugstipp

Freilichtmuseum Cloppenburg
Dies ist ein Museumsdorf bestehend aus über 50 Fachwerkhäusern, in denen Hufschmied, Müller und Bauer wie vor 200 Jahren arbeiten. Hunde bitte an die Leine nehmen.
Kontakt:
Museumsdorf Cloppenburg
Niedersächsisches Freilichtmuseum
D-49643 Cloppenburg
Tel.: 0049/4471/94840, Fax: 0049/4471/948474
E-Mail: info@museumsdorf.de
Internet: www.museumsdorf.de

Hundestrände an der Küste

Cuxhaven-Döse
- Wunderschöner Sandstrand mit separatem Hundestrand (Internetkontakt: www.cuxhafen-online.de/kurteil_doese.htm).

Norddeich Nordseestrand (6 km)
- In Norddeich gibt es einen speziell ausgewiesenen, abgetrennten Hunde-Sandstrand – ein weitläufiges, sehr sauberes Areal mit viel Platz für Vierbeiner und deren Begleiter, in der Nähe der Seehundaufzucht gelegen. Parkplätze sind in genügender Anzahl vorhanden.
(Internetkontakt: www.norddeich.de)

Hundestrände an den Ostfriesischen Inseln

- Insel Baltrum: großer Hundestrand mit Strandkörben (Internetkontakt: ww.baltrum.de)
- Insel Norderney: 2 Hundestrände (Oststrand und FKK-Strand), eine Auslauffläche für Hunde befindet sich neben der Schutzhalle am Weststrand (Internetkontakt: www.norderney.de)
- Insel Borkum: drei Hundestrände, direkt an den Hauptstränden gelegen (Internetkontakt: www.borkum.de)

Obsthof Schröder – Ferienwohnungen

Elbinsel Krautsand 16
D-21706 Drochtersen,
Region Altes Land / Nordseeküste

Tel. & Fax: 0049/4143/1218
E-Mail: schroederfewo@aol.com
Internet: www.fewo-krautsand.de

Hunde-Infos
Unterkunft: Lage im Bio-Obsthof. Tiere: Pferde
Unterkunftskosten pro Tag ohne Futter: gratis
Erlaubte Hundeanzahl pro Gast: 2
Auslaufmöglichkeit/Spazierweg: im Obsthof, Wanderweg zum Strand 400 m
Bademöglichkeit: ausgewiesener Hundestrand in den Sommermonaten, außerhalb der Badesaison kann der gesamte 3 km lange Sandstrand von Hunden benutzt werden (s. Hundestrandinfo, S. 101). Radweg: 20 km Rad- und Wanderwege
Hundefreundliches Lokal: Gasthof Offe, D-21706 Drochtersen-Dornbusch
Tierarzt: Dr. Haak in Abbenfleth (Stade-Bützfleth, 15 km)

Niedersachsen

Feriendorf Altes Land

Am Deich
D-21723 Hollern-Twielenfleth,
Region Nordsee-Elbe

Tel.: 0049/4141/798-0, Fax: 0049/4141/798200
E-Mail: info@feriendorf-altesland.de
Internet: www.feriendorf-altesland.de

Hunde-Infos

Unterkunft: unmittelbar am Elbdeich, zwischen Hamburg und Stade
Unterkunftskosten pro Tag ohne Futter: € 3,–, Futter a. A.
Mitnahme in den Speiseraum möglich: ja. Erlaubte Hundeanzahl pro Gast: beliebig
Hundesitter-Dienst: in Vorbereitung. Auslaufmöglichkeit: innerhalb des Feriendorfes angeleint, unmittelbar hinter dem Deich hervorragende Auslaufmöglichkeit, eingezäunter Hundeauslauf in Vorbereitung. Spazierweg: Elbe (2–5 Gehmin.), dort ausgedehnte Wandermöglichkeiten, ebenso im Hinterland zum Feriendorf in den Obsthöfen
Bademöglichkeit: in der Elbe (100 m), Elbsandstrand (900 m)
Radweg: Elbe-Radweg von Cuxhaven nach Dresden führt direkt am Feriendorf vorbei
Hundefreundliches Lokal: Fährhaus an der Elbe (20 Gehmin.), Hollern-Twielenfleth, Am Deich; Gasthaus zur Linde (15 Gehmin.), Steinkirchen, Hollerner Straße; Feriendorf-Gemeinschaftshaus – im Feriendorf, Hollern-Twielenfleth
Ausflugstipp: Heidepark – Soltau, Besuch Nordseeküste
Hundeschule/Agility: in Stade – Wiepenkathen, alte Dorfstraße, Gewerbegebiet – IRJGV Landesgruppe Niederelbe e. V. – Tel. 0049/4141/88186 (30 Automin.)
Tierarzt: Dr. vet. J. Hölter, Harschenflether Weg 6, D-21682 Stade (10 km)

Hundepension Birkner

Drechslerstraße 5
D-26506 Norden, Region Nordseeküste

Tel. & Fax: 0049/4931/2502
E-Mail: karlheinz.koenig@ewetel.net
Internet: www.ewetel.net/~karlheinz.koenig

Hunde-Infos

Unterkunft: kleine Hunde wie Dackel und Pudel können im Zimmer gehalten werden, großen Hunden steht eine Zwingeranlage (Hundehaus mit je ein Zwinger pro Hund) zur Verfügung; Haustiere: Dackel Cony, Neufundländer Timi, Mischling Laika. Unterkunftskosten pro Tag mit Futter: € 10,–
Mitnahme in den Speiseraum möglich: bei Vollbelegung nein, sonst nach Absprache
Erlaubte Hundeanzahl pro Gast: 1–2. Hundesitter-Dienst: in der Hundeanlage, gratis
Auslaufmöglichkeit: Waldrand. Spazierweg/Radweg: an der Küste entlang, ausgebaute Radwege. Bademöglichkeit: Hundestrand am Norddeicher Nordseestrand (6 km) (s. Hundestrandinfo, S. 101), einige Badeseen: das Große Meer (15 km), Berumer Kiessee (7 km)
Ausflugstipp: Ostfriesische Inseln. Hundefreundliches Lokal: Reichshof, Dafni
Hundeschule/Agility: mehrere Hundeübungsplätze vor Ort
Tierarzt: Dr. Janssen, Tel. 0049/4931/4513, Dr. Ely, Tel. 0049/4931/167754

Ferienwohnungen, Haus Westerbalje, Haus Briggweg

Briggweg 4
D-26723 Emden, Region Nordsee
Ostfriesland

Tel. & Fax: 0049/04921/6494
E-Mail: snoerki@t-online.de
Internet: www.ferienwohnung-emden.com

Hunde-Infos
Unterkunft: ruhige Stadtrandlage, direkt an der Gracht. Haustiere: Kaninchen, Kanarienvögel; Hundedecke/Futternapf im Zimmer
Unterkunftskosten pro Tag ohne Futter: keine
Erlaubte Hundeanzahl pro Gast: 2
Hundesitter-Dienst: möglich
Auslaufmöglichkeit: direkt ab Haus, Wiesen mit See und Kanal
Spazierweg: zu beiden Seiten des Kanals und Sees, ca. 10 km lang
Bademöglichkeit: Hundestrände: Sandstrand (Naturstrand, 10 Automin., kein Leinenzwang), Grünstrand (5 Automin., nur mit Leine wegen Schafhaltung) (s. Hundestrandinfo, S. 101)
Radweg: direkt ab Haus, gut ausgeschildert
Tierarzt: Dr. Ringena, Fleuteweg 6, D-26723 Emden (3 Gehmin.)

Ferienhaus König

Rosengarten 9
D-29394 Lüder,
Region Lüneburger Heide

Tel.: 0049/5824/98820, Fax: 0049/5824/98810
E-Mail: urlaub@ferienhaus-koenig-lueder.de
Internet: www.ferienhaus-koenig-lueder.de

Hunde-Infos
Unterkunft: ruhige Lage, direkt am Elbe-Seitenkanal; Hundedecke/Futternapf a. A.
Unterkunftskosten pro Tag ohne Futter: keine, Futter a. A.
Mitnahme in den Speiseraum möglich: ja
Erlaubte Hundeanzahl pro Gast: keine Begrenzung
Hundesitter-Dienst: ja
Auslaufmöglichkeit/Spazierweg: direkt vor dem Haus und viele Wanderwege
Radweg: Elbe-Seitenkanal, Radweg nach Bodenteich
Bademöglichkeit: Bernsteinsee (20 km) mit Hundebadestelle
Hundefreundliches Lokal: Bauerncafé (warme Küche)
Tierarzt: Dr. Feuerherdt, Suhlendorf, Tel. 0049/5820/383

Niedersachsen

Ferienwohnung „An den Eichen"
M. und G. Janz

Ringstraße 5
D-29439 Lüchow, OT Grabow,
Region Niedersachsen-Wendland

Tel.: 0049/5864/557, Fax: 0049/5864/986383
E-Mail: cordula@wendland-ferienwohnung.de
Internet: www.wendland-ferienwohnung.de

Hunde-Infos
Unterkunft: ruhige Dorflage; Hundedecke und Futternapf
Unterkunftskosten pro Tag ohne Futter: keine, Reinigungsentgelt € 20,–
Erlaubte Hundeanzahl pro Gast: 1–2 Hunde, weitere a. A.
Hundesitter-Dienst: nein
Auslaufmöglichkeit: direkt ab FeWo möglich, Wiesen und Wälder angrenzend an den Ort
Spazierweg/Radweg: viele Wander- und Radtouren, ausgebaute Radwege, Nemitzer Heide, Elbtalaue, Gartower Forst
Bademöglichkeit: zwei große Seen (ca. 20 km), viele kleinere Seen und Flüsse, die für Hunde geeignet sind
Tierarzt: Adressen in unserer Infomappe

Landgut-Hotel Waldesruh ***

OT Bostelwiebeck 14
D-29575 Altenmedingen,
Region Lüneburger Heide

Tel.: 0049/5807/98700, Fax: DW 987944
E-Mail: pension-waldesruh@t-online.de
Internet: www.land-gut-hotel-waldesruh.de

Hunde-Infos
Unterkunft: ruhige Waldrandlage in kleinem Dorf. Haustiere: Hund, 2 Katzen
Hundedecke/Futternapf a. A.
Unterkunftskosten pro Tag ohne Futter: € 3,50
Mitnahme in den Speiseraum möglich: ja
Hundesitter-Dienst: nein
Auslaufmöglichkeit/Spazierweg/Radweg: reichlich
Ausflugstipp: Tierpark Niendorf
Tierarzt: in 4,5 km Entfernung

Gasthaus-Pension Im Rehwinkel

Woltem 2
D-29614 Soltau-Woltem,
Region Lüneburger Heide

Tel. & Fax: 0049/5197/203
E-Mail: im-rehwinkel@t-online.de
Internet: www.im-rehwinkel.de

Hunde-Infos
Unterkunft: ruhige Einzellage in urwüchsiger Natur, abseits des Straßenverkehrs
Haustiere: Hunde, Katzen, Pferde. Unterkunftskosten pro Tag ohne Futter: € 2,–
Mitnahme in den Speiseraum möglich: ja. Erlaubte Hundeanzahl pro Gast: 2
Hundesitter-Dienst: nein. Auslaufmöglichkeit/Spazierweg/Radweg: ab Haus, Wander- und Radkarte vorhanden. Bademöglichkeit: Haus für Hunde. Ausflugstipp: Wildpark, Heidepark. Tierarzt: Dr. Büscher, Soltau (10 km)

Landidyll Hotel Hof Tütsberg

Im Naturschutzpark Lüneburger Heide
D-29640 Schneverdingen – Heber,
Region nördl. Lüneburger Heide

Tel. & Fax: 0049/5199/900
E-Mail: info@tuetsberg.de
Internet: www.tuetsberg.de

Hunde-Infos
Unterkunft: Einzellage mitten im Naturschutzpark, angrenzend an Wald und Heideflächen. Haustiere: 2 Highland Terrier, 20 Pferde; Hundedecke/Futternapf auf Vorbestellung. Unterkunftskosten pro Tag ohne Futter: € 5,–; Futter auf Vorbestellung
Mitnahme in den Speiseraum möglich: ja. Erlaubte Hundeanzahl pro Gast: je nach Zimmer sind bis zu 4 Doggen möglich, also keine Begrenzung. Hundesitter-Dienst: nach Absprache möglich, Kosten je nach Aufwand. Auslaufmöglichkeit: große Wiese mit Teich und ein kleiner Wald gehören zum Hotel, 40.000 m^2 Grundstück, Freilauf kein Problem
Spazierweg/Radweg: ca. 600 km Wander-, Rad-, Reitwege direkt ab Hotel in den Naturschutzpark. Bademöglichkeit: Teich direkt auf dem Hotelgrundstück, Brunausee (5 km), Lopausee (15 km). Langlaufloipe: bei Schneelage wilde Loipen
Hundefreundliches Lokal: Café Menke in Niederhaverbeck (4 km). Ausflugstipp: Heide-Park Soltau (8 km), Serengeti-Park Hodenhagen (30 km), Wildpark Hanstedt (25 km). Tierarzt: Dr. Herbert Koch, Tierärztliche Klinik Oerzen, Osterwiese 10, D-21409 Oerzen.
Hunde-Extra: Hotel eignet sich hervorragend für Züchtertreffen

Ausflugstipp

Serengeti-Park Hodenhagen, D-29691 Hodenhagen
Tel.: 0049/5164/531, Fax: 0049/5164/2451
E-Mail: info@serengeti-park.de
Internet: www.serengeti-park.de
Im Park ist das Mitführen von Hunden erlaubt.

Bundesland Nordrhein-Westfalen

Nordrhein-Westfalen lockt Reisende aus Nah und Fern mit einem riesigen Reise- und Freizeit-Angebot. Die elf nordrhein-westfälischen Regionen (Eifel, Sauerland, Teutoburger Wald, Region Bonn, Düsseldorf, Köln, Niederrhein, Münsterland, Ruhrgebiet, Siegerland-Wittgenstein, Bergisches Land) präsentieren sich gemeinsam als ganz besonderes Erlebnisland: Von Städtetouren und Industriekultur für Erlebnishungrige über Aktiv-Urlaub und Landerlebnis in frischer Natur bis hin zu den Wellness-Paradiesen für Erholungssuchende und jeder Menge Kulturgenuss (u. a. UNESCO-Weltkulturerbe Aaachener Dom, Schloss Augustusburg, Zeche Zollverein, Kölner Dom) ist hier in NRW (fast) alles möglich!

Natur pur lockt vor allem Urlauber mit Hund: Insgesamt laden 14 Naturparks, ein Nationalpark und mehr als 200 Seen zum Wandern, Entspannen und Vitalisieren ein. Urlaub auf dem Lande wird insbesondere in den Mittelgebirgsregionen von Sauerland, Siegerland-Wittgenstein, Bergischem Land und Eifel ganz groß geschrieben. Wer sich und seiner Gesundheit etwas Gutes tun möchte, dem bieten über 30 Heilbäder und Kurorte ein abwechslungsreiches Wellness- und Fitness-Programm. Bei Kuraufenthalten unbedingt auf einen angebotenen Hundesitter/Gassi-Dienst in der Unterkunft achten, um ohne Stress die Behandlungen genießen zu können, während der Vierbeiner liebevoll betreut wird!

Auch für Radler ist das Land der weiten Ebenen und der bewaldeten Mittelgebirge ein wahres Schlaraffenland. Auf gut ausgebauten, attraktiven Radwanderwegen lassen sich Natur und Kulturlandschaft erkunden. Allein die bekannte 100-Schlösser-Route, die zahlreiche Wasserburgen, Schlösser und Herrensitze im Münsterland verbindet, misst mehr als 2000 km Länge und ist durchgängig in der ländlichen Idylle markiert. Im Sauerland setzt dagegen die „Bike Arena Sauerland" neue Maßstäbe.

Kontakt

Nordrhein-Westfalen Tourismus e.V.
Worringer Straße 22, D-50668 Köln
Tel.: 0049/221/17945-0, Fax: 0049/221/17945-17
E-Mail: info@nrw-tourismus.de
Internet: www.nrw-tourismus.de

Wellness-Center für Hunde in Köln

Auf über 1.500 m² können hier übergewichtige Hunde abnehmen, Welpen in die Schule gehen und kranke Tiere nach einer Operation wieder auf die Beine kommen.

Genau wie Menschen können Hunde von dem Einsatz der Physiotherapie bei Erkrankungen des Bewegungsapparates profitieren, wie u. a. bei neurologischen Ausfällen, Probleme des Skelettes und der Muskulatur. Jeder Hund erhält hier eine auf seine Bedürfnisse individuell abgestimmte Therapie! Diese kann wie folgt aussehen: Eine klassische Physiotherapie zur Schmerzbehandlung und Verbesserung und Erhaltung der Beweglichkeit (mittels Massagen, Isometrischen Übungen, Kälte- und Wärmebehandlungen), ein Training auf dem Unterwasserlaufband, unterstützende Therapieformen wie Homöopathie, Akupunktur, Bachblütentherapie, Meereslufttherapie und UV-Lichttherapie, eine basale Stimulation, Therapien nach dem Bobath-Konzept und eine Feldenkrais-Therapie.

Weiters stehen zur Auswahl:
Diverse Seminare und Kurse, Flyball, Obedience, Disc Dogging, Dog Dancing, Agility, Welpenspielgruppe, Clickertraining, Hunde-Erziehung u. v. m.

Kontakt

Dogs in Balance Cologne
Matthias Brüggen Straße 51
D-50827 Köln Ossendorf
Tel.: 0049/221/3556909, Fax: 0049/221/3556907
E-Mail: info@dogs-in-balance.de
Internet: www.dogs-in-balance.de

Vierbeiner mit an Bord

Täglich finden zwischen Koblenz und Cochem mit modernen, komfortablen Fahrgastschiffen Schiffstouren mit Gastronomieangebot statt. Auf den planmäßigen Rund- und Linienfahrten sind Vierbeiner willkommen (Fahrpreis für Hunde).

Kontakt

Köln-Düsseldorfer Rheinschifffahrt AG
Frankenwerft 35
D-50667 Köln
Tel.: 0049/221/2088318, Fax: 0049/221/2088345
E-Mail: info@k-d.com
Internet: www.k-d.com

Ausflugstipp

Hollywood- und Safaripark Stukenbrock
Mittweg 16
D-33758 Schloss Holte-Stutenbrock
Tel.: 0049/5207/9524-10, Fax: DW 26
E-Mail: buero@safaripark.de
Internet: www.safaripark.de
Im Park ist das Mitführen von Hunden an der Leine erlaubt.

Waldhotel Dörentrup

Am Wald 2
D-32694 Dörentrup, Region Lippe

Tel.: 0049/5265/945494, Fax: 0049/5265/9454954
E-Mail: info@waldhotel.doerentrup.de
Internet: www.waldhotel-doerentrup.de

Hunde-Infos

Unterkunft: Waldrandlage. Futter a. A.
Unterkunftskosten pro Tag ohne Futter: keine
Mitnahme in den Speiseraum möglich: nach Absprache. Erlaubte Hundeanzahl pro Gast: 1
Hundesitter-Dienst: nach Absprache
Auslaufmöglichkeit: direkt hinter dem Haus im Wald
Spazierweg: sehr viele, beginnend direkt hinter dem Haus
Bademöglichkeit: großer Teich, Bachläufe
Radweg: direkt zum Haus
Hundefreundliches Lokal: im Hause
Hundeschule/Agility: viele Hundevereine in direkter Nähe, Kontakte können hergestellt werden
Hunde-Extra: Kaminzimmer, in das man auch die Hunde abends mitnehmen kann

Hotel Zur Burg Sternberg ***
Sternberger Straße 37
D-32699 Extertal, Region Teutoburger Wald/Lipp. Bergland

Tel.: 0049/5262/9440, Fax: 0049/5262/944144
E-Mail: info@hotel-burg-sternberg.de
Internet: www.hotel-burg-sternberg.de

Hunde-Infos
Unterkunft: ruhige Waldrandlage; Haustiere: Pferde, Hund; Hundedecke/Futternapf a. A.
Unterkunftskosten pro Tag ohne Futter: € 3,– bis 8,–, Futter a. A.
Mitnahme in den Speiseraum möglich: ja
Erlaubte Hundeanzahl pro Gast: keine Begrenzung
Hundesitter-Dienst: nach Absprache möglich
Auslaufmöglichkeit: nebenan Wald und eingezäunte Wiese
Spazierweg: Wanderweg ab Hotel E1, Europa Wanderweg Nr. 1 und Rundwanderwege
Ausflugstipp: Lippe-Detmold mit Schloss und Freilichtmuseum
Tierarzt: Dr. Andreas Thoma, Hummerbrücher Straße 15, Tel. 0049/5262/3268 (5 km)

Ecco Hotel Schermbeck ***
Maassenstrasse 1
D-46514 Schermbeck, Region Nördliches Ruhrgebiet, Niederrhein, Münsterland

Tel.: 0049/2853/9193-0, Fax: DW 11
E-Mail: schermbeck@ecco-hotel.de
Internet: www.ecco-hotel.de

Hunde-Infos
Unterkunft: Lage am Rand des Stadtzentrums
Unterkunftskosten pro Tag ohne Futter: keine
Mitnahme in den Speiseraum möglich: grundsätzlich ja, bei Vollbelegung eingeschränkt
Erlaubte Hundeanzahl pro Gast: 1
Hundesitter-Dienst: nein
Auslaufmöglichkeit: Wald und Feldrand (200 m)
Spazierweg: unbegrenzt vorhanden
Bademöglichkeit: Lippe Seitenkanal, keine Badevorschriften
Radweg: Radwandernetz Niederrhein-Münsterland
Hundefreundliches Lokal: ca. 700 m vom Hotel entfernt

Landhotel Bartmann ***

Bracht 3
D-48324 Sendenhorst,
Region Münsterland

Tel.: 0049/2526/1228, Fax: 0049/2526/4675
E-Mail: info@landhotel-bartmann.de
Internet: www.landhotel-bartmann.de

Hunde-Infos
Unterkunft: Alleinlage zwischen Wiesen und Wäldern. Haustier: Deutsch Kurzhaar
Unterkunftskosten pro Tag ohne Futter: € 3,–, Futter a. A.
Mitnahme in den Speiseraum möglich: ja
Erlaubte Hundeanzahl pro Gast: 2
Hundesitter-Dienst: nein
Auslaufmöglichkeit/Spazierweg: große Auslaufflächen/Spazierwege rund um das Hotel
Radweg: ausgearbeitete Radtouren direkt ab Hotel
Tierarzt: 2–3 km entfernt

City Hotel ***

Theodor Heuss Ring 15
D-52511 Geilenkirchen

Tel.: 0049/2451/627-0, Fax: DW 300
E-Mail: office@cityhotel-geilenkirchen.de
Internet: www.cityhotel-geilenkirchen.de

Hunde-Infos
Unterkunft: Zentrumslage mit Auslaufmöglichkeit; Hundedecke/Futternapf a. A.
Unterkunftskosten pro Tag ohne Futter: keine, Futter a. A.
Mitnahme in den Speiseraum möglich: ja
Auslaufmöglichkeit: Park (200 m)
Spazierweg/Radweg: ab Hotel im „Wurmflusstal"
Bademöglichkeit: Park mit See (200 m)
Hundefreundliches Lokal: „Carpaccio" im Hause des City Hotels, Hundenapf
Tierarzt: Dr. Teeuwen Stefanie, Tel. 0049/2451/65069 (200 m)

Hotel-Restaurant Landhaus Brunnenhof

Heistardstrasse 13
D-53894 Mechernich-Holzheim,
Region Nord-Eifel

Tel.: 0049/2484/95050, Fax: 0049/2484/950549
E-Mail: volkerprause@aol.com
Internet: www.brunnenhof.biz

Hunde-Infos
Unterkunft: ruhige Lage. Hundedecke/Futternapf a. A., Haustier: Hund
Unterkunftskosten pro Tag ohne Futter: € 3,–, Futter a. A.
Mitnahme in den Speiseraum möglich: ja
Erlaubte Hundeanzahl pro Gast: 2
Hundesitter-Dienst: nach Absprache
Auslaufmöglichkeit/Spazierweg/Radweg: direkt ab Haus, Weiden und Felder
Ausflugstipp: Freilichtmuseum, Eifel-Hochwildpark
Tierarzt: in Mechernich (4 km)

Rotisserie Brombach, Hotel *** & Restaurant

Oberstraße 6
D-59964 Medebach,
Region Hochsauerland

Tel. & Fax: 0049/2982/8570
E-Mail: hotel-brombach@t-online.de
Internet: www.hotel-brombach.de

Hunde-Infos
Unterkunft: Lage inmitten der alten Hansestadt, kleines Grün beim Haus; Haustiere: 2 Hunde; Hundedecke/Futternapf a. A.
Unterkunftskosten pro Tag ohne Futter: keine, Futter a. A.
Mitnahme in den Speiseraum möglich: ja
Erlaubte Hundeanzahl pro Gast: 2
Hundesitter-Dienst: nein
Auslaufmöglichkeit/Spazierweg: Rundweg Medebacher Bucht, Kahlenweg Rundweg 7 km/2 Std., mehrere Nordic Walking-Strecken
Bademöglichkeit: Edersee (Nordhessen, 37 km), Hillebachsee (Winterberg Niedersfeld 17/18 km)
Radweg: Radwanderweg von Medebach nach Affoldern, Aartaltour, Ostsauerländer Tälertour, Glindfelder Wald
Ausflugstipp: Kahler Asten – Aussichtsturm, Rothaarsteig
Tierarzt: Johannes Grabenbauer, Am Papenkamp 18, D-59964 Medebach (2 km)

Bundesland Rheinland-Pfalz

Egal ob zu zweit oder mit der Familie – Hauptsache mit Hund. Egal ob auf dem Bauernhof mit dem ersten Hahnenschrei aufstehen oder genüsslich im Luxushotel ausschlafen. Ob mit dem Bike quer durchs Land radeln oder beim Wandern etwas für Körper und Seele tun. Der treue Begleiter auf vier Pfoten ist immer dabei und die Möglichkeiten, in Rheinland-Pfalz seinen Urlaub zu verbringen sind fast unbegrenzt. Rheinland-Pfalz ist Natur pur! Entdecken Sie gemeinsam mit Ihrem Hund das Land der Mittelgebirge mit Hunsrück, Westerwald und Eifel. Mit klaren Seen, vulkanischen Maaren und endlosen Wäldern. Die traumhaften Täler der Flüsse Rhein, Mosel, Saar, Nahe, Ahr und Lahn. Oder Rheinhessen und die sonnenverwöhnte Pfalz mit ihren sanften Hügeln.

Tipps für Wandern mit Hund: Rheinhöhenweg, Moselhöhenweg, Eifel-Rundwanderwege, Rheinterrassen-Wanderwege, Wanderweg Deutsche Weinstraße, Westpfalz-Wanderweg und der Hunsrückhöhenweg sowie ab September 2005 der neue Weitwanderweg Rheinsteig von Bonn bis Wiesbaden.

Aber nicht nur Wandern zählt zu den beliebtesten Urlaubstätigkeiten mit Hund, auch Radfahren gehört dazu: Radeln Sie mit Ihrem Vierbeiner rein in den Südwesten Deutschlands und genießen Sie reizvolle Landschaften, schöne Winzerdörfer und idyllische Flusstäler wie den romantischen Rhein. Zu den Hauptrouten zählen die 7 Radfernwege, die längs der großen Flüsse des Landes verlaufen. Zur zweifelsfreien Orientierung erfolgt die Radwege-Beschilderung in Rheinland-Pfalz seit dem Jahr 2001 einheitlich. Eine Besonderheit sind die Radwege auf stillgelegten Bahntrassen wie zum Beispiel der Maare-Mosel-Radweg. Geringe Steigungsverhältnisse und die Führung abseits von Straßen machen Bahntrassenradwege gerade in Mittelgebirgslandschaften zu idealen Strecken für radwandernde Familien und Hundebesitzer. Tipps: Rhein- und Mosel-Radweg, Ahr-, Lahn-, Kyll-, Saar- und Nahe-Radweg.

Kontakt

Rheinland-Pfalz Tourismus GmbH
Löhrstraße 103–105
D-56068 Koblenz
Tel.: 0049/261/91520-10, Fax: DW 40
E-Mail: info@rlp-info.de
Internet: www.rlp-info.de

Hundefreundliche Unterkünfte

Ausflugstipps
Wild- und Erlebnispark Daun
Wildparkstraße 1
D-54550 Daun/Vulkaneifel
Tel.: 0049/6592/3154 oder 8085
E-Mail: kontakt@wildpark-daun.de
Internet: www.wildpark-daun.de
Im Park ist das Mitführen von Hunden erlaubt.

Wild- und Freizeitpark Klotten
Gebr. Josef und Hubert Hennes
Wildparkstraße
D-56818 Klotten/Mosel
Tel.: 0049/2671/7660, Fax: DW 5652
E-Mail: info@freizeitpark-klotten.de
Internet: www.freizeitpark-klotten.de
Im Park ist das Mitführen von Hunden an der Leine erlaubt.

Forsthaus-Ferienwohnung Nussbaum

Bettorf 1a
D-51598 Friesenhagen, Region Westerwald/Wildenburgerland

Tel.: 0049/2294/227, Fax: 0049/2294/991338
E-Mail: info@forsthaus-nussbaum.de
Internet: www.forsthaus-nussbaum.de

Hunde-Infos
Unterkunft: Alleinlage am Waldrand mit Blick auf Wiesen, Fischteiche und Wald; Hundedecke/Futternapf
Unterkunftskosten pro Tag ohne Futter: € 3,50, Futter a. A.
Mitnahme in den Speiseraum möglich: ja
Erlaubte Hundeanzahl pro Gast: bis max. 3 Hunde
Hundesitter-Dienst: möglich
Auslaufmöglichkeit: über 70.000 m^2 Grünlandflächen rund ums Haus
Spazierweg: riesiges Waldgebiet mit herrlichen Wanderwegen
Bademöglichkeit: in den eigenen Teichen
Radweg: auf den ruhigen Straßen im Wilden-Burgerland, Fahrradpark Reichshof (7 km)
Langlaufloipe: in Eckenhagen (18 km)
Hundefreundliches Lokal: „Alte Schanze", „Klein Tirol" oder „Zum Knoten" (6–7 km)
Ausflugstipp: Biggetalsperre
Hundeschule/Agility: Hundeschule Siegen, Uwe Ackermann, Hundeübungsplatz in Wendershagen (4 km)
Tierarzt: Dr. Münch, Tel. 0049/2297/7773, Wildbergerhütte

Rheinland-Pfalz

Haus am Zeiberberg Pension/ Ferienwohnungen

Krechelheimerstraße 60
D-53489 Sinzig/Westum, Region Ahr/Rhein/Eifel/Brohtal

Tel.: 0049/2642/42183, Fax: 0049/2642/409044
E-Mail: zeiberberg@t-online.de
Internet: www.zeiberberg.de

Hunde-Infos
Unterkunft: ruhige Waldrandlage mit Auslaufmöglichkeit. Haustiere: 2 Appenzeller Sennenhunde (Jessica und Gina)
Unterkunftskosten pro Tag ohne Futter: € 7,50/Tag, € 5,–/jeder weitere Tag
Erlaubte Hundeanzahl pro Gast: 2
Hundesitter-Dienst: € 8,– pro Stunde
Auslaufmöglichkeit: großer Garten, Hundewiese/Park in der Nähe
Spazierweg: direkt ab Haus, Mühlenberg Wander- und Trimmpfad, Nordic-Walking, Rotweinwander- und Radwege in Ahrtal (400 m), am Rhein (1,5 km)
Bademöglichkeit: Rhein und Ahr. Langlaufloipe: Mühlenberg
Ausflugstipp: Freilichtmuseum, Tierpark, Naturpark
Hundefreundliches Lokal: Gasthof Westhumer Winzerverein (400 m), Bachstraße 2, D-53489 Sinzig/Westum, Hundenapf vorhanden
Hundeschule/Agility: OG Rhein-Ahr-Sinzig, Hundeplatz, D-53489 Sinzig/Löhndorf, Gerlinde Dobler-Falkenhagen, Tel. 0049/2642/409616,
Internet: www.sv-og-rhein-ahr-sinzig.de (1km)
Tierarzt: Dr. Claudia Rogler, Barbarossastraße 46, D-53489 Sinzig, Tel. 0049/2642/42270

Hotel Zur Mühle ***

Koblenzer Straße 15
D-53498 Bad Breisig,
Region Mittelrhein

Tel.: 0049/2633/2006-0, Fax: DW 60
E-Mail: info@zurmuehlebreisig.de
Internet: www.zurmuehlebreisig.de

Hunde-Infos
Unterkunft: Lage: ruhige Parkanlage direkt am Rhein
Unterkunftskosten pro Tag ohne Futter: € 3,–
Mitnahme in den Speiseraum möglich: ja. Hundesitter-Dienst: nein
Auslaufmöglichkeit: großer Hotelpark, Rheinpromenade direkt ab Haus
Spazierweg: Rheinpromenade, weitere Spazier- und Wanderwege in der Nähe
Bademöglichkeit: im Rhein, direkt vor dem Haus – Achtung auf Strömung
Radweg: Rheintal-Radweg, direkt vor dem Haus
Tierarzt: Dr. Hildebrand, Bad Breisig

Jagdhaus Rech

Mittelklasse-Privathotel-Wanderhotel
und Wildrestaurant
Bärenbachstraße 35
D-53506 Rech, Region Ahrtal

Tel.: 0049/2643/8484, Fax: 0049/2643/3116
E-Mail: info@jagdhaus-rech.de
Internet: www.jagdhaus-rech.de

Hunde-Infos
Unterkunft: ruhige Waldrandlage, abseits der Straße
Unterkunftskosten pro Tag ohne Futter: keine, Futter a. A.
Mitnahme in den Speiseraum möglich: ja
Erlaubte Hundeanzahl pro Gast: unbegrenzt
Hundesitter-Dienst: nein
Auslaufmöglichkeit: direkt ab Haus, da abseits und Waldrandlage
Spazierweg: Rotweinwanderweg, Waldspaziergang direkt vom Haus
Bademöglichkeit: im Fluss Ahr, wenige Gehmin. entfernt
Radweg: gut ausgebauter Radweg durch das Ahrtal
Langlaufloipe: auf dem Nürburgring (ca.30 km)
Ausflugstipp: Römervilla in Ahrweiler, Freilichtbühne in Schuld, Winzereien
Hundeschule/Agility: Hundeschule in Lind, Heike und Joachim Seidel (ca. 20 km)
Tierarzt: Dr. Rolf Rüssmann in Altenahr (ca. 10 Automin.), Tel. 0049/26443/7011

Hotel-Restaurant-Weingut Karlsmühle **

Im Mühlengrund 1
D-54318 Mertesdorf, Region Ruwertal-Mosel

Tel.: 0049/651/5123, Fax: 0049/651/52016
E-Mail: info@karlsmuehle.de
Internet: www.karlsmuehle.de

Hunde-Infos
Unterkunft: ruhige Lage. Haustiere: Labrador und Deutsch-Drahthaar
Unterkunftskosten pro Tag ohne Futter: € 5,–, Futter a. A.
Mitnahme in den Speiseraum möglich: ja (Leine)
Erlaubte Hundeanzahl pro Gast: 2 pro Zimmer
Hundesitter-Dienst: nein
Auslaufmöglichkeit: Hundewiese am Haus
Spazierweg: verschiedene Wanderrouten und Spazierwege ab Haus
Radweg: Ruwertalradweg direkt ab Haus
Hundeschule/Agility/Tierarzt: 6 km entfernt

Ferienpark Himmelberg & ****
Apart-Hotel Blumenhof

Birkenweg 73
D-54424 Thalfang, Region Hunsrück

Tel.: 0049/6504/9120; Fax: DW 912420
E-Mail: info@himmelberg.de
Internet: www.himmelberg.de

Hunde-Infos
Unterkunft: Ortsrandlage im Grünen
Unterkunftskosten pro Tag ohne Futter: € 5,50
Mitnahme in den Speiseraum möglich: im ersten Raum, auf der Sonnenterrasse und im Schinderhanneskeller ja, im großen Speisesaal nein
Erlaubte Hundeanzahl pro Gast: max. 2 Hunde pro Wohneinheit
Hundesitter-Dienst: in Ausnahmefällen und auf Anfrage
Auslaufmöglichkeit: unbegrenzt, auch direkt vor jede Ferienwohnung/jedes Ferienhaus 400–800 m² Wiesen und Rasenflächen. Spazierweg: 300 km markierte Wanderwege durch die abwechslungsreiche Natur- und Kulturlandschaft des Südwesthunsrücks rund um den Ferienpark Himmelberg, geführte Wanderungen und Nordic Walking
Bademöglichkeit: zahlreiche kleine Bäche, Talsperren und Weiher, Losheimer Stausee (42 km, Hunde dürfen mit, aber leider nicht ins Wasser). Radweg: zahlreiche; 18 km bis zur Mosel mit ebenem Talradweg (ständige Bademöglichkeit für wasserbegeisterte Hunde)
Ausflugtipp: eigener Ratgeber mit rund 80 Ausflugstipps ab dem Ferienpark Himmelberg, inkl. Beschreibungen, Entfernungsangabe, Kontakttelefonnummern und ggf. Angaben zu Hundefreundlichkeit. Hundeschule/Agility: SV OG Hermeskeil (15 km)
Tierarzt: Thalfang (1 km)
Hunde-Extra: Agility- und Obedience-Seminare, Himmelberg-Pokal im November (Internationales Agility-Turnier mit rund 200 Teilnehmern)

Ferienweingut Evelyne Keifer *****

Hauptstraße 130 A
D-54470 Bernkastel-Kues,
Region Mosel

Tel.: 0049/6531/6924, Fax: 0049/6531/1735
E-Mail: ferienweingut.keifer@t-online.de
Internet: www.Ferienweingut-Keifer.de

Hunde-Infos
Unterkunft: ruhige, zentrale Lage direkt im Naturschutzgebiet. Haustiere: Hund Spider, Katze Janosch. Unterkunftskosten pro Tag ohne Futter: € 3,–, Futter a. A.
Erlaubte Hundeanzahl pro Gast: 2. Hundesitter-Dienst: nein
Auslaufmöglichkeit/Spazierweg: direkt vom Haus ins Naturschutzgebiet
Bademöglichkeit: in der Mosel – Einlassstelle für Boote (2 Gehmin.)
Radweg: moselabwärts nach Cochem und moselaufwärts nach Daun (Eifel)
Hundeschule/Agility: Rollys Hundeschule in Bergweiler bei Wittlich,
Tel. 0049/6571/ 96666
Tierarzt: Dr. Tietz, D-54516 Wittlich, Berlinger Straße 63, Tel. 0049/6571/96146 (15 km)

Das Bärenhaus ****

Gartenstraße 1
D-54486 Mülheim an der Mosel, Region Mosel
bei Bernkastel-Kues

Tel. & Fax: 0049/6534/500 oder 0049/1718219583
E-Mail: urlaub-mit-tieren@web.de
Internet: www.das-baerenhaus.de

Hunde-Infos
Unterkunft: ruhige Ortsrandlage. Haustiere im Wohnhaus, nicht in der Pension: Pferde, Hund, Katzen; Hundedecke/Futternapf a. A.
Unterkunftskosten pro Tag ohne Futter: € 4,50, Futter a. A.
Erlaubte Hundeanzahl pro Gast: 3
Hundesitter-Dienst: auf Anfrage und gegen Gebühr
Auslaufmöglichkeit: direkt ab Haus
Spazierweg: direkt ab Haus zur Mosel, zu den Weinbergen, zu den Feldern, an einen idyllischen Bachlauf (350 m)
Bademöglichkeit: Mosel (ca. 350 m), teilweise Sandstrand vorhanden
Radweg: Maare-Mosel-Radweg, Mosel-Radweg (200 m)
Langlaufloipe: ca. 15 km entfernt. Ausflugstipp: Schifffahrt, Museumsbesuch
Hundeschule/Agility: in Morbach (ca. 15 km), in Bergweiler (ca. 17 km)
Tierarzt: Dr. Marks, Bernkastel (4 km)

Blockhaus Aarleyblick

Löhstraße 23
D-54552 Üdersdorf, Region Eifel/Vulkaneifel

Tel. & Fax: 0049/6596/1597
E-Mail: bingel-schmitz@t-online.de
Internet: www.uedersdorf.de

Hunde-Infos
Unterkunft: ruhige Lage in Waldrandnähe
Unterkunftskosten pro Tag ohne Futter: keine
Erlaubte Hundeanzahl pro Gast: 1
Hundesitter-Dienst: nein
Auslaufmöglichkeit: große Wiese gegenüber des Hauses für Gassigänge
Spazierweg: in alle Himmelsrichtungen herrliche Spazierwege, Rundwanderweg um das Maar. Bademöglichkeit: Maare (5–7 km)
Radweg: z. B. Maare-Mosel-Rundweg
Langlaufloipe: Ernstberg (15 km)
Ausflugstipp: Burgen in Manderscheid, Rundwege um alle Maare
Hundeschule/Agility: Hundeschule/Hundetrainingsplatz in Daun-Waldkönigen (an der B 421, 7 km), Hundeschule Sirius in Hohenfels-Essingen bei Gerolstein
Tierarzt: 2 Tierärzte in Daun (6 km)

Ferienwohnung am Loehwald

Loehstraße 23
D-54552 Uedersdorf, Region Eifel/
Vulkaneifel

Tel.: 0049/6596/834, Fax: 0049/6596/160019
E-Mail: bingel-schmitz@t-online.de
Internet: www.uedersdorf.de

Hunde-Infos
Unterkunft: Lage nahe dem Wald
Unterkunftskosten pro Tag ohne Futter: keine. Erlaubte Hundeanzahl pro Gast: 1
Hundesitter-Dienst: nein
Auslaufmöglichkeit/Spazierweg: große Wiese gegenüber, Waldnähe, viele Spazierwege
Bademöglichkeit: Maare (5–7 km), z. B. Totenmaar, Gemündener Maar, Schalkenmehrener Maar – außerhalb der Badeanstalten dürfen Hunde ins Wasser
Radweg: z. B. Maare-Mosel-Rundweg
Langlaufloipe: in rund 15 km Entfernung (Ernstberg)
Hundefreundliches Lokal: zwei Lokale im Ort
Ausflugstipp: Burgen in Manderscheid, Rundwege um alle Maare
Hundeschule/Agility: in Daun-Waldkönigen (7 km), Hundeschule Sirius in Hohenfels-Essingen bei Gerolstein. Tierarzt: 2 Tierärzte in Daun (6 km)
Hunde-Extra: Schwimmen mit den Hunden in den Maaren

Landhaus Müllenborn ****

Auf dem Sand 45
D-54568 Gerolstein, Region Eifel

Tel.: 0049/6591/95880, Fax: 0049/6591/958877
E-Mail: info@landhaus-muellenborn.de
Internet: www.landhaus-muellenborn.de

Hunde-Infos
Unterkunft: ruhige Waldrandlage; Hundedecke/Futternapf a. A.
Unterkunftskosten pro Tag ohne Futter: € 5,50, Futter a. A.
Mitnahme in den Speiseraum möglich: in der Bierstube „Fuchsbau"
Erlaubte Hundeanzahl pro Gast: 2, weitere auf Anfrage
Hundesitter-Dienst: auf Anfrage
Auslaufmöglichkeit/Spazierweg: im Wald und auf der Wiese, Spazierwege ab Hotel
Radweg: Kylltalradweg
Hundefreundliches Lokal: Bierstube „Fuchsbau", Gasthaus zur Schauerbach, D-54568 Gerolstein. Ausflugstipp: Dauner Maare, Wallender Born in Wallenborn
Hundeschule/Agility: Haus der Hunde, Am Rosenberg 2, D-54576 Hillesheim, Tel. 0049/6593/1520
Tierarzt: Dr. med. vet. Harald Schneider, Karlshöhe 14, D-54568 Gerolstein, Tel. 0049/6591/4250

Hundefreundliche Unterkünfte

Ringhotel Calluna ****

Zur Büschkapelle 5
D-54568 Gerolstein, Region Eifel

Tel.: 0049/6591/94390, Fax: 0049/6591/943999
E-Mail: info@callunahotel.de
Internet: www.callunahotel.de

Hunde-Infos
Unterkunft: Lage direkt am Waldrand, ruhig
Unterkunftskosten pro Tag ohne Futter: € 6,–
Mitnahme in den Speiseraum möglich: nur in der Brasserie Leo's
Erlaubte Hundeanzahl pro Gast: 2
Hundesitter-Dienst: gegen Gebühr
Auslaufmöglichkeit: Waldrandlage
Hundefreundliches Lokal: Leo's
Ausflugstipp: Adler- und Wolfspark
Hundeschule/Agility: Günther u. Karin Bloch, Von Goltsteinstraße 1, D-53902 Bad Münstereifel, Tel. 0049/2257/952661
Tierarzt: Dr. Harald Schneider, Tierärztliche Praxis Karlshöhe 14, D-54568 Gerolstein, Tel. 0049/6591/4250

Eifel-Ferienhäuser Henn *****

Lissendorfer Straße 23
D-54584 Gönnersdorf/Eifel,
Region Vulkaneifel

Tel.: 0049/6597/2545, Fax: 0049/6597/4336
E-Mail: eifel-ferienhaus.henn@t-online.de
Internet: www.eifelurlaub-henn.de

Hunde-Infos
Unterkunft: Ortsrandlage, waldreiche Umgebung
Unterkunftskosten pro Tag ohne Futter: € 4,–, ab dem 2. Hund € 6,–
Erlaubte Hundeanzahl pro Gast: 2 bzw. 3 kleine a. A.
Hundesitter-Dienst: 7 km entfernt
Auslaufmöglichkeit/Spazierweg: eigenes, großes Gelände, Wanderwege ab Grundstück
Bademöglichkeit: Kyll-Fluss, Stausee Jünkerath (2 km)
Langlaufloipe: vorhanden
Tierarzt: 1,5 km entfernt

Hotel – Restaurant Götz ***

Hauptstraße 23/25
D–55758 Niederwörresbach,
Region Nahe – Hunsrück

Tel. & Fax: 0049/6785/99600
E-Mail: hotelgoetz@aol.com
Internet: www.hotel-goetz.de

Hunde-Infos
Unterkunft: Dorfmitte gegenüber der Kirche; Hundedecke/Futternapf a. A.
Unterkunftskosten pro Tag ohne Futter: € 5,–, Futter a. A.
Mitnahme in den Speiseraum möglich: ja
Erlaubte Hundeanzahl pro Gast: 1 bzw. mehrere nach Absprache
Hundesitter-Dienst: nein
Auslaufmöglichkeit/Spazierweg: Auslaufmöglichkeit 5 Min. vom Hotel, Sironaweg
Radweg: Nahe-Radweg
Langlaufloipe: am Erbeskopf (20 km)
Ausflugstipp: Keltensiedlung Bundenbach, Hunsrückdorf Bad Sobernheim, historischer Ortskern Herrstein
Tierarzt: im Ort (ca. 100 m)

Mühlbachhof

Rathausstraße 6
D-56357 Berg, Region Rhein-Lahn, Taunus

Tel.: 0049/6772/8717, Fax: 0049/6772/961510
E-Mail: chammerschmitt@aol.com
Internet: www.muehlbachhof.de

Hunde-Infos
Unterkunft: Ortsrandlage in gemütlichem, kleinem Dorf am Rande des Mühlbachtales
Haustiere: 3 Hunde (Landseer), 2 Katzen, Hühner, Pferde, Ponys; Hundedecke/Futternapf a. A.
Unterkunftskosten pro Tag ohne Futter: € 4,–, Futter a. A.
Mitnahme in den Speiseraum möglich: ja
Erlaubte Hundeanzahl pro Gast: keine Beschränkung
Hundesitter-Dienst: nein
Auslaufmöglichkeit/Spazierweg: ab Hof, Limeswanderweg, Wanderweg entlang eines idyllischen Baches bis Nassau an der Lahn (3 Std.)
Hundefreundliches Lokal: mehrere Gasthäuser in der Umgebung
Ausflugstipp: Hochwildpark, Marksburg, Burgen und Schlösser, Rhein- oder Lahnschifffahrt. Tierarzt: Dr. Müller in Nastätten (9 km)
Hunde-Extra: auf Wunsch geführte Wanderungen, öfters Landseertreffen (eigene Zucht im Hause)

Hotel Restaurant „zur Krone" **

Römerstraße 10
D-56377 Nassau/Lahn, Region Rhein-Lahn-Kreis, Westerwald,Taunus

Tel.: 0049/2604/4515, Fax: DW 951936
E-Mail: info@zurkrone-nassau.de
Internet: www.zurkrone-nassau.de

Hunde-Infos
Unterkunft: zentrale Lage
Hundedecke/Futternapf
Unterkunftskosten pro Tag ohne Futter: € 3,–, Futter a. A.
Mitnahme in den Speiseraum möglich: bitte vorher anfragen
Erlaubte Hundeanzahl pro Gast: max. zwei pro Zimmer, bitte vorher absprechen
Hundesitter-Dienst: nach Absprache möglich
Auslaufmöglichkeit: Lahnanlagen (50 m), Hundewiese und Park (2 Min.)
Spazierweg: ab Haus, z. B. Vier-Täler-Tour (ca. 27 km), Wegzeit von 10 Min. bis 10 Std.
Bademöglichkeit: für Hunde in 50 m Entfernung, mit Herrchen verschiedene bis 10 km
Radweg: ab Haus, Fahrradcontainer kostenlos
Hundeschule/Agility: in ca. 10 km, Schäferhundeverein im Ort
Tierarzt: Wagner-Lioba, pr. Tierärztin, Dr. Rattay-Wrede (im Ort)

Hof-Karseifen, 2 Ferienwohnungen in separatem Nebengebäude

Karseifen 1
D-57537 Wissen, Region Westerwald

Tel: 0049/2742/71237, Fax: 0049/2742/910833
E-Mail: hof-karseifen@t-online.de
Internet: www.hof-karseifen.de

Hunde-Infos
Unterkunft: Alleinlage, umgeben von Wald und Wiesen. Haustiere: 2 Hunde, Katzen
Hundedecke/Futternapf a. A.
Unterkunftskosten pro Tag ohne Futter: keine, Futter a. A.
Erlaubte Hundeanzahl pro Gast: 3 Hunde pro Wohnung
Auslaufmöglichkeit/Spazierweg: direkt ab Haus
Bademöglichkeit: Elbach (ca. 500 m ab Hof, Spazierweg entlang des Baches), Nister (30 m Breite, einige gestaute Bereiche mit geringer Tiefe, ca. 15 Min.), Sieg (ca. 10 Min.), Westerwälder Seenplatte (25 km)
Ausflugstipp: Wasserschloss in Crottorf (Besichtigung von April–Oktober möglich), Dickendorfer Mühle, Nisterstrand, Hundeforschungsstation im Wolfswinkel, Wildpark
Hundeschule/Agility: Hundeschule Ramia Häfner/Ulrike Brühl (7–8 km): Agility und Vorbereitungskurse zur Begleithundeprüfung – nähere Info am Hof
Tierarzt: Dr. Vollmar, Heisterstraße 5, D-57537 Wissen (10 Automin.)

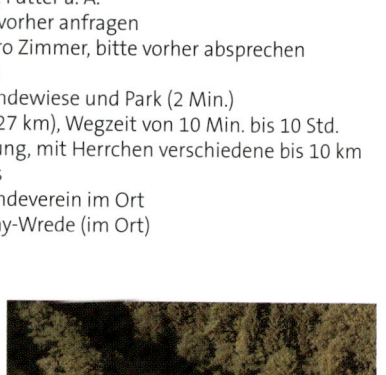

Rheinland-Pfalz

Hotel Ambiente ***

Hockelbachstraße 2
D-57537 Wissen, Region Siegtal – Westerwald

Tel.: 0049/2742/93240, Fax: 0049/2742/932417
E-Mail: info@hotel-ambiente-wissen.de
Internet: www.hotel-ambiente-wissen.de

Hunde-Infos
Unterkunft: ruhige Lage, direkt am Park; Hundedecke/Futternapf im Zimmer
Unterkunftskosten pro Tag ohne Futter: je nach Größe
Mitnahme in den Speiseraum möglich: ja
Erlaubte Hundeanzahl pro Gast: je nach Größe
Hundesitter-Dienst: ja – kostenlos
Auslaufmöglichkeit: große eigene Wiese am Haus, sonst 200 Meter entfernt
Spazierweg: 300 km Wanderwege, alter Fürstenweg 2 bis 6 Stunden, Siegpromenaden
Hundeschule/Agility: im Ort
Tierarzt: Dr. Vollmar, Heisterst. 5 (2 Min.), Tel.: 0049/2742/2472

Hof Sophienthal ***

Sophienthalerstraße 13
D-57644 Hattert, Region Westerwald

Tel.: 0049/2662/939899, Fax: 0049/2662/945539
E-Mail: k.specht@rz-online.de
Internet: www.hof-sophienthal.de

Hunde-Infos
Unterkunft: Ortsrandlage
Hundedecke/ Futternapf a. A.
Unterkunftskosten pro Tag ohne Futter:
€ 2,50, Futter a. A. (€ 2,– pro kg)
Mitnahme in den Speiseraum möglich: ja
Erlaubte Hundeanzahl pro Gast: nach Absprache
Hundesitter-Dienst: € 2,– pro Termin
Auslaufmöglichkeit: Wald und Wiesen hinter dem Hof
Spazierweg: direkt ab Hof: Kloster Marienstatt, 2-Std.-Rundweg (9 km); Westerwälder Seenplatte, 4–6 Std. (ab 15 km); Mühlenwanderweg, 3 Std. (12 km)
Bademöglichkeit: im Rothbach (Kinder und Hunde, 150 m), Weiher (10 km)
Radweg: ab Hof. Langlaufloipe: ja (8 km)
Hundefreundliches Lokal: Krombacher Mühle (2,5 km), Hundenapf vorhanden
Ausflugstipp: Wildpark (10 km), Basaltpark (10 km), Freilichtmuseum (6 km)
Hundeschule/Agility: S. Kämpf in Müschenbach (4 km)
Tierarzt: Dr. Neubauer in Hachenburg (6 km), Tel.: 0049/2662/3155
Hunde-Extra: Hundewanderung, Fellpflege

Landidyll Turm Hotel *** superior

Auf dem Potzberg 3
D-66887 Föckelberg, Region Kuseler Musikantenland

Tel.: 0049/6385/72-0, Fax: DW 156
E-Mail: info@turmhotel.com
Internet: www.turmhotel.com

Hunde-Infos
Unterkunft: Einzellage auf dem Potzberg mit Panoramablick; Haustiere: Katze, Hund, Ziege, Hühner, Pferde; Hundedecke und Futternapf im Zimmer bei Anmeldung
Unterkunftskosten pro Tag ohne Futter: € 6,–
Mitnahme in den Speiseraum möglich: ja
Hundesitter-Dienst: nein
Auslaufmöglichkeit/Spazierweg: Waldwege ab Hotel, Wildpark direkt am Haus
Bademöglichkeit: im Fluss Glan
Radweg: in 4 km Entfernung
Hundefreundliches Lokal: Pizzeria Gli amici in Föckelberg (2 km)
Ausflugstipp: Burg Lichtenberg,
Tierarzt: Hans Schwinn, D-66885 Altenglan, Tel. 0049/6381/2291 (4 km)

Campingpark am Königsberg

Am Schwimmbad 1
D-67752 Wolfstein, Region Kaiserslautern – Idar Oberstein

Tel. & Fax: 0049/6304/4143
E-Mail: benspruijt@gmx.de
Internet: www.camping-wolfstein.com

Hunde-Infos
Unterkunft: ruhige Lage mit Auslaufmöglichkeit
Unterkunftskosten pro Tag ohne Futter: € 2,30
Mitnahme in den Speiseraum möglich: ja
Erlaubte Hundeanzahl pro Gast: 2 bis „nach Rücksprache"
Hundesitter-Dienst: nein
Auslaufmöglichkeit: Wald und Wiese
Spazierweg: „Gute-Laune-Touren für Wanderer" mit ca. 25 Touren (1,5 bis 26 km)
Radweg: ja
Langlaufloipe: bei Schneelage, aber keine präparierten Loipen
Hundefreundliches Lokal: direkt am Campingpark (Leine)
Ausflugstipp: Barfußpfad, Wildfreigehege Wildenburg, Burg Lichtenberg
Tierarzt: Dr. Moser in Wolfstein

Rheinland-Pfalz

Haus Hubertus, Ferienwohnung Eleonore Franke-Brohaska

Kirchstraße 20
D-76891 Niederschlettenbach, Region Wasgau, Dahner Felsenland

Tel. & Fax: 0049/6394/1394
E-Mail: eleonore@ed-media.org
Internet: www.ed-min.de/fewo

Hunde-Infos
Unterkunft: Waldrand, sehr ruhige Lage mit Auslaufmöglichkeit
Unterkunftskosten pro Tag ohne Futter: € 2,–, Futter a. A.
Mitnahme in den Speiseraum möglich: ja
Erlaubte Hundeanzahl pro Gast: 2
Hundesitter-Dienst: ja
Auslaufmöglichkeit/Spazierweg: zum Elsass (300 m), reichlich Wanderwege vorhanden
Bademöglichkeit: See (3 km)
Hundefreundliches Lokal: Zwitscherstube (3 Min.)
Ausflugstipp: Burgbesichtigung, Naturpark (Leine)
Tierarzt: Dr. G. U. Gräbenteich, Schlossstraße 10, D-66994 Dahn

Das Geheimnis, das hinter gesunder Ernährung steckt …

Das einzigartige Eukanuba Vital Health System

Garantiert die optimale Nährstoffversorgung Ihres Hundes

Eukanuba
Gesundheit für Körper, Geist und Seele
Info: 0732 / 64 11 00
www.eukanuba.at

Bundesland Saarland

Drei große Naturräume prägen diese Region mit ihrer Landeshauptstadt Saarbrücken: der Hunsrück mit dem Schwarzwälder Hoch- und Idarwald, der einen Großteil des Naturparks Saar-Hunsrück ausmacht, das lothringisch-pfälzische Schichtstufenland mit den fruchtbaren Gaulandschaften an Saar, Mosel und Blies sowie das Saar-Nahe-Bergland „dazwischen".
Radfahrer erfreuen sich an der radlerfreundlichen Infrastruktur mit eigenem, leicht verständlichen Beschilderungssystem. Radwege: Saarland Radweg (362 km), Saar-Radweg (80 km), Saar-Nahe-Höhen-Radweg (70 km), Köllertal-Radweg (21 km), Saar-Bostalsee Radweg (60 km), Niedtal-Radweg (23 km). Doch auch zahlreiche Wanderwege warten auf Zwei- und Vierbeiner: Saarland Tafeltouren, Saarland Rundwanderweg (273 km), Blieswanderweg (150 km), Archäologischer Wanderweg auf den Spuren alter Kulturen (42 km), Hartfüßlerweg (29 km), Wanderung durch das Primstal (23 km), Hochwaldalmweg (17 km) sowie der Bauernhöfe- und Gastronomieweg (15 km).
Tipp: An den Wochenenden von April bis Oktober, also im Saarländischen Weinsommer, öffnen die Winzer abwechselnd ihre Weinkeller und Probierstuben – und für die treuen Begleiter wird sicherlich eine Schüssel frisches Wasser bereitgestellt.

Kontakt

Tourismus Zentrale Saarland
Franz-Josef-Röder-Straße 9, D-66119 Saarbrücken
Tel.: 0049/681/92720-0, Fax: DW 9272040
E-Mail: info@tz-s.de   Internet: www.tourismus.saarland.de

Hotel Haus Schons *** Hotel Garni

Von-Boch-Liebig-Straße 1–3
D-66693 Mettlach,
Region Landkreis Merzig-Wadern

Tel.: 0049/6864/1214, Fax: DW 7557
E-Mail: info@hotel-haus-schons.de
Internet: www.hotel-haus-schons.de

Hunde-Infos
Unterkunft: Hundedecke/Futternapf a. A.
Unterkunftskosten pro Tag ohne Futter: keine
Mitnahme in den Speiseraum möglich: in den Frühstücksraum möglich
Erlaubte Hundeanzahl pro Gast: 1
Hundesitter-Dienst: nein
Auslaufmöglichkeit: direkt beim Haus am Flussufer oder im Saareck-Park (500 m)
Spazierweg: Saarland-Rundwanderweg, Rundweg um die Saarschleife
Radweg: Fahrradverleih; Rundwege direkt am Haus: um die Saarschleife, Radweg in Richtung Saarburg – Konz – Trier und in Richtung Merzig – Saarlouis – Saarbrücken
Langlaufloipe: in Weiskirchen (ca. 20 km)
Hundefreundliches Lokal: China-Restaurant „Nam Hue" im Haus
Ausflugstipp: Wanderweg zur Burg Montclair, ca. 4 km Fußweg durch den Wald, Startpunkt am Haus. Wolfsgehege Werner Freund in Merzig (ca. 10 km)
Tierarzt: Franz Stanik, Moselstraße 25, D-66693 Mettlach – Orscholz,
Tel. 0049/6865/8177 (ca. 7 km)

Bundesland Sachsen

Sachsen mit seinen 546 Gemeinden ist ein Land mit unverwechselbarer Kunst und Kultur, jahrhundertealten Traditionen, landschaftlichen Reizen, großer Geschichte und Moderne. Damit birgt Sachsen ein großes Potenzial für alle Urlaubsformen – also auch für Urlaub mit dem Hund! Mit ihrem ganz unterschiedlichen Flair, das von Barock über moderne Eleganz, Industriearchitektur und Jugendstil einerseits, von verträumter Romantik bis hin zum quirligen Großstadtleben andererseits reicht, haben große Städte wie Dresden, Chemnitz und Leipzig ebenso wie kleine Citys einen hohen Besuchswert. Urlaubende mit Vierbeiner sind meist aktiv unterwegs, hier empfiehlt sich eine Erkundung des Umlandes: rund 1000 Schlösser, Burgen, Gärten und Herrenhäuser sind lohnende Ausflugsziele. Per pedes bzw. Pfoten oder Fahrrad lassen sich die Natur und ihre reizvollen Flusslandschaften, malerische Gebirge und Wälder genießen.

Radeln und Wandern mit Hund

Ein wahres Radler- und Wandermekka ist die Oberlausitz. Auf etwa 2400 km ausgebauten und beschilderten Radwanderwegen können Hund & Herrl entlang der Fernradwanderwege Oder-Neiße-Radweg, Spree-Radfernwanderweg, Umgebindehaus-Radweg, Niederlausitzer Bergbautour, Froschradweg und Sächsische Städteroute sich den Wind um die Nase bzw. Schnauze wehen lassen. Über rund 5000 km Wanderwege, wie beispielsweise der Oberlausitzer Bergweg oder das Zittauer Gebirge, laden ebenso zu interessanten Touren ein (Info: Marketinggesellschaft Oberlausitz/Niederschlesien, Tel. 0049/3591/4877-0, Internet: www.radwandern-oberlausitz.de).

Kontakt

Tourismus Marketing Gesellschaft Sachsen mbH
Bautzner Straße 45–47
D-01099 Dresden
Tel.: 0049/351/49170-0, Fax: DW 4969306
E-Mail: info@sachsen-tour.de
Internet: www.sachsen-tourismus.de

Ausflugstipp

Wildwest in der Oberlausitz
Abenteuer, Spiel und Spaß für Groß und Klein (und Vierbeiner) bietet die Reinert Ranch: Ranchfeeling, entspannt im Schaukelstuhl auf der Veranda den Sonnenuntergang beobachten, Grillabende am Lagerfeuer, Fahhradverleih, Reitunterricht im Westernreiten, Pferdeausritte und Kutschenfahrten sowie jährliche große Veranstaltungen kann man hier erleben. Es werden auch verschiedene Übernachtungsmöglichkeiten angeboten (u. a. FeWo, Tipi, DZ) – die Unterkunftskosten für Hunde betragen € 2,– pro Tag.

Kontakt

Reinert Ranch
Rohner Weg 7
D-02959 Trebendorf bei Weißwasser
Tel.: 0049/35773/90470, Fax: DW 904720
E-Mail: info@reinert-ranch.de
Internet: www.reinert-ranch.de

Pension Helga Trauschke **

Eduard-Bilz-Straße 18
D-01445 Radebeul, Region Sächsisches Elbeland-Sächsische Weinstraße

Tel.: 0049/351/8302757, Fax: 0049/351/8306060
E-Mail: info@pension-trauschke.de
Internet: www.pension-trauschke.de

Hunde-Infos

Unterkunft: Lage: Stadtzentrum; Hundedecke/Futternapf im Zimmer
Unterkunftskosten pro Tag ohne Futter: € 5,–, Futter a. A.
Mitnahme in den Speiseraum möglich: n. V.
Erlaubte Hundeanzahl pro Gast: 1
Radweg: Elberadweg
Ausflugstipp: Moritzburg, Sächsische Schweiz
Hundeschule/Agility: im Ort
Tierarzt: in der Nachbarschaft

Hotel-Pension Villa Constantia***
Karl-Marx-Straße 8
D-01445 Dresden-Radebeul,
Region Sächsische Weinstraße

Tel.: 0049/351/832660, Fax: 0049/351/8326633
E-Mail: info@hotel-villa-constantia.de
Internet: www.hotel-villa-constantia.de

Hunde-Infos
Unterkunft: ruhige Lage. Haustier: Welsh Terrier Hündin; Hundedecke/Futternapf a. A. Unterkunftskosten pro Tag ohne Futter: € 5,–, Futter a. A.
Mitnahme in den Speiseraum möglich: nein. Erlaubte Hundeanzahl pro Gast: 2
Hundesitter-Dienst: Hundeschule Hanke – siehe unten, Preis nach Absprache
Auslaufmöglichkeit: in unmittelbarer Umgebung (Feld, Wald), Hundewiese/Park Dresdner Heide, eingezäunter Garten. Spazierweg: Dresdner Heide: viele Wanderwege (ca. 500 m), Wald- und Teichgebiete rund um das barocke Jagdschloss Moritzburg (ca. 5 km)
Bademöglichkeit: Fluss Elbe (ca. 2 km), Teichgebiet Moritzburg (ca. 5 km)
Radweg: ca. 2 km Elberadweg
Langlaufloipe: Wanderwege Dresdner Heide, teilw. gespurt
Hundefreundliches Lokal: Zorbas, Maxim-Gorki-Straße 2, D-01445 Dresden-Radebeul (10 Gehmin.). Ausflugstipp: Spitzhaus und Spitzhausweg durch die Weinberge, Landeshauptstadt Dresden, Meißen (teilw. Leine). Hundeschule/Agility: Hundeschule & private Tierbetreuung Hanke, Kreyernweg 3, D-01445 Radebeul, Tel.: 0049/351/4797855 (10 Automin.). Tierarzt: Dr. Gurtler, Dr. Berthel, Maxim-Gorki-Straße 28, D-01445 Radebeul, Tel. 0049/351/8300250 (ca. 1 km).

Mercure Hotel ****
Bahnhofstraße 40
D-01587 Riesa,
Region Sächsisches Elbland

Tel.: 0049/3525/7090-0, Fax: 0049/3525/709999
E-Mail: mercure-riesa@t-online.de
Internet: www.mercure.de

Hunde-Infos
Unterkunft: Zentrumslage mit Blick auf die Elbe, Hundewiese und Park in der Nähe
Hundedecke/Futternapf a. A. Unterkunftskosten pro Tag ohne Futter: € 8,–, Futter a. A.
Mitnahme in den Speiseraum möglich: an der Leine. Erlaubte Hundeanzahl pro Gast: 2
Hundesitter-Dienst: nein
Auslaufmöglichkeit: Wiese vor dem Hotel, Elbwiesen und Stadtpark in der Nähe
Spazierweg: im Stadtpark, an der Elbe entlang, Jahnatal (10 Min.), Wanderung durch die Weinberge. Bademöglichkeit: Elbe. Radweg: Elbradweg
Hundefreundliches Lokal: HammerBräu, amerikanisch-mexikanisches Restaurant Panama Joe´s (direkt am Hotel, Hundenäpfe vorhanden). Ausflugstipp: Tierpark im Stadtpark, Elbquelle. Hundeschule/Agility: Hundesportverein Riesa e.V., Hundesport und Ausbildung – Herr Huss, Hundesportplatz, Ziegeleistraße, D-01589 Riesa
Tierarzt: Dr. med. vet. Günter Lassig, Grenzstraße 11, D-01587 Riesa (800 m)

Ferienhaus Ruddigkeit ***

Neue Hauptstraße 108
D-01824 Gohrisch – OT Kurort Gohrisch,
Region Sächsische Schweiz

Tel.: 0049/35021/68494, Fax: 0049/35021/59720
E-Mail: i.ruddigkeit@gmx.de
Internet: www.ferienhaus-gohrisch.de

Hunde-Infos
Unterkunft: ruhige Ortsrandlage;
Hundedecke/Futternapf a. A.
Unterkunftskosten pro Tag ohne Futter: € 1,–
Mitnahme in den Speiseraum möglich: ja
Erlaubte Hundeanzahl pro Ferienhaus: 3
Hundesitter-Dienst: nein
Auslaufmöglichkeit: 2000 m² Bademöglichkeit: Kiessee Pratzschwitz bei Pirna (20 Automin.). Hundefreundliches Lokal: Gaststätte „Sennerhütte" (300 m)
Hundeschule/Agility: Hundeschule Anett Lohse, Krietzschwitzer Straße 26,
D-01796 Pirna, Tel. 0049/3501/571699
Tierarzt: Tierärztliche Gemeinschaftspraxis, D-01796 Pirna, Am Hausberg 17,
Tel. 0049/3501/528640 (20 Automin.)

Fewo Förster ***

Eschenallee 4
D-01833 Stolpen OT Helmsdorf,
Region Sächsische Schweiz

Tel.: 0049/35973/26650, Fax: DW26651
E-Mail: martinafoerster@gmx.net
Internet: www.oberelbe.de/foerster

Hunde-Infos
Unterkunft: ruhige Lage, Garten
Haustiere: 1 Hund, 1 Kater, 1 Schaf im
Garten; Hundedecke/Futternapf a. A.
Unterkunftskosten pro Tag ohne Futter: keine, Futter a. A.
Erlaubte Hundeanzahl pro Gast: pro Belegung ein Haustier
Hundesitter-Dienst: vorhanden
Auslaufmöglichkeit: direkt ab Haus möglich unter Aufsicht, Wald und Wiese in der Nähe
Spazierweg: unbegrenzte Wandermöglichkeiten
Bademöglichkeit: im Fluss Wesenitz (100 m). Radweg: vorhanden
Hundeschule/Agility: Hundeerlebnispark, Sachsens Creativ-Hundeschule Berit Konrad,
Wesenitzweg 1, D-01909 Schmiedefeld, Tel. 0049/35954/50765,
Internet: www.hundeerlebnispark.de. Von März bis Oktober findet jeden letzten Donnerstag des Monats um 20.00 Uhr ein Vortrag über Hundethemen statt – Anmeldung nötig! Tierarzt: 3 km entfernt
Hunde-Extra: Hundeausbildung (z. B. Jagdhunde), Hundekurse, Wanderungen

Holiday Inn Bautzen ****

Wendischer Graben 20
D-02625 Bautzen, Region Oberlausitz

Tel.: 0049/3591/492-0, Fax: DW 100
E-Mail: reservations-bautzen@ichotelsgroup.com
Internet: www.bautzen.holiday-inn.com

Hunde-Infos

Unterkunft: ruhige Zentrumslage am Waldrand mit Auslaufmöglichkeit; Hundedecke/Futternapf a. A.
Unterkunftskosten pro Tag ohne Futter: € 10,–, Futter a. A.
Mitnahme in den Speiseraum möglich: ja. Erlaubte Hundeanzahl pro Gast: unbegrenzt
Hundesitter-Dienst: auf Wunsch, ca. € 15,–/Stunde
Auslaufmöglichkeit: Parkanlage am Stadtwall (200 m), Rundweg entlang der Spree (800 m), Stausee (2,5 km), Humboldhain (1 km)
Bademöglichkeit: Stausee Bautzen (2,5 km), öffentlich zugänglicher See mit teilweisen Strandabschnitten. Radweg: Spree-Radweg (800 m), Umgebindehausradweg, Oder-Neiße-Radweg, Gurkenradweg. Langlaufloipe: im Zittauer Gebirge und Oberlausitzer Bergland. Hundefreundliches Lokal: Sorbisches Restaurant Wjelbik, Mönchshof, Hotelrestaurant „Lubin". Ausflugstipp: Zittauer Gebirge, Oberlausitzer Bergland (30 km), Saurierpark Kleinwelka (5 km, Leine), Freilichtmuseum Erlichthofsiedlung Rietschen (50 km, Leine), Barockschloss Rammenau, Schlosspark (25 km, Leine), Naturpark und Schloss Neschwitz (15 km, Leine). Hundeschule/Agility: Bautzen-Salzenforst (ca. 8 km), Puschwitzer Str. 8 E, D-02699 Neschwitz, Tel. 0049/35933/30440. Tierarzt: Dr. Benno Schulze, Albrecht Dürer Str. 5, D-02625 Bautzen, Tel. 0049/3591/306600 (1 km). Hunde-Extra: Hunde-Leckerchen als Willkommensgruß

Ramada Schlosshotel Althörnitz *** superior

Zittauer Straße 9
D-02763 Bertsdorf-Hörnitz, Region Oberlausitz

Tel.: 0049/3583/5500, Fax: 0049/3583/550200
E-Mail: hotel@schlosshotel-althoernitz.de
Internet: www.schlosshotel-althoernitz.de

Hunde-Infos

Unterkunft: ruhig in einer 30.000 m² Parkanlage gelegen
Unterkunftskosten pro Tag ohne Futter: € 7,–. Mitnahme in den Speiseraum möglich: ja
Erlaubte Hundeanzahl pro Gast: max. 3 Hunde. Hundesitter-Dienst: nein
Auslaufmöglichkeit: direkt im Park, der das Hotel umgibt
Spazierweg: rund um den Olbersdorfer See, Gehzeit ca. 1 Stunde
Bademöglichkeit: Nordstrand am Olbersdorfer See (Naturstrand, ca. 10 Min.), im Fluss Poche. Radweg: rund um den Olbersdorfer See, Fahrzeit ca. 30–45 Min., Radweg zum Kloster Marienthal in Ostritz, Fahrzeit: ca. 3–4 Stunden
Langlaufloipe: gesamtes Zittauer Gebirge (5 km), z. B. von Jonsdorf auf den Hain
Hundefreundliches Lokal: Dornspachhaus in Zittau (ca. 4 km)
Ausflugstipp: Tierpark Zittau (Leine). Hundeschule/Agility: Hundesportverein „Zittau-Dreiländereck" e. V., Dieter Nave, D-02763 Zittau, Tel. 0049/35843/29051
Tierarzt: Dr. Eifler, Nordstraße 1, D-02763 Zittau

Oberlausitzer Landhof

Warnsdorfer Straße 32
D-02782 Seifhennersdorf, Region
Oberlausitz (Zittauer Gebirge)

Tel.: 0049/35844/72127
E-Mail: info@landhof-hilse.com
Internet: www.landhof-hilse.com

Hunde-Infos

Unterkunft: inmitten von Wiesen und Feldern. Haustiere: von November bis April im Wildgehege Ziegen und Schafe, Katze am Hof, nicht im Haus. Leinenpflicht am Grundstück! Unterkunftskosten pro Tag ohne Futter: € 5,–
Mitnahme in den Speiseraum möglich: ja. Erlaubte Hundeanzahl pro Gast: max. 2 Hunde gleichzeitig. Auslaufmöglichkeit: 10.000 m² eigenes Areal rund um das Haus, angrenzende Felder und Wiesen, 400 m langer Zaun nur an einer Seite
Spazierweg: Wanderweg inmitten Wiesen und Wäldern entlang der Staatsgrenze zum Waldgasthaus „Forsthaus", Zittauer Gebirge mit zahlreichen Wanderwegen
Bademöglichkeit: Olbersdorfer See (10 km), Poche (5 km), Silberteiche im Ort
Radweg: Zittau – Ostritz (zum Kloster) entlang der Neiße (polnische Grenze)
Ausflugstipp: Burg & Klosteranlage Oybin aus dem Mittelalter
Hundeschule/Agility: in Zittau/Olbersdorf (10 km). Tierarzt: Dr. Nanning in Neugersdorf (1 km). Hunde-Extra: jährlich im Oktober Huskytreffen im Ort

Bio-Rittergut Rittmeyer ****
Ferienbauernhof

Dorfstraße 23, D-04519 Rackwitz/
OT Kreuma, Region Sächsisches
Burgen- und Heideland/Nähe Leipzig

Tel.: 0049/34294/73110, Fax: DW 73112
E-Mail: info@bio-rittergut.de
Internet: www.bio-rittergut.de

Hunde-Infos

Unterkunft: ruhige Lage; Hundedecke/Futternapf. Haustiere: Schweinchen, Katzen, Gänse, Ziegen, Kaninchen, Hühner. Unterkunftskosten pro Tag ohne Futter: € 3,–, Futter a. A. Mitnahme in den Speiseraum möglich: nein. Erlaubte Hundeanzahl pro Gast: unbegrenzt. Hundesitter-Dienst: nein. Auslaufmöglichkeit: Felder, eingezäunter großer Garten mit Hundehütte. Spazierweg: Bad Düben, Dübener Heide, Eilenburg
Bademöglichkeit: Schladitzer See (2 km), Werbeliner See, Grabschützer See, Zwochauer See (2 km), Großer Goitzschesee, Muldestausee, Neuhauser See, Seelhausener See, Ludwigsee und zahlreiche ehemalige Kiesgruben, die zu Badeseen umgestaltet wurden (8 km). Radweg: Dorfstraße und Feldweg nach Leipzig. Ausflugstipp: Leipzig, Dübener Heide, Schlösser, Burgen. Hundeschule/Agility: Hundeschule Weidling, Rödgen, Rödgener Straße 100, Tel. 0049/34202/51212; Verhaltenstraining Nadia Weiß, Alte Messe, Leipzig, Tel. 0049/341/8614331. Tierarzt: Dr. med. vet. C. Pankrath, Krostitz, Mutschlenaer Straße 6, Tel. 0049/34294/72372 (3 km)

Pension Kalkberg
Inh. Brigitte Wolf

Joachimsthaler Straße 294
D-09474 Crottendorf,
Region Erzgebirge

Tel.: 0049/37344/13930, Fax: 0049/37344/139328
E-Mail: pension-kalkberg@t-online.de
Internet: www.pension-kalkberg.de

Hunde-Infos
Unterkunft: Lage mitten im Wald. Haustiere: Dobermann (sehr lieb), 28 Huskys (Zwinger); Hundedecke/Futternapf a. A.; Hundekosten pro Tag ohne Futter: € 2,–, Zwinger € 5,–, Futter a. A., je nach Qualität € 1,50 bis € 2,50/kg
Erlaubte Hundeanzahl pro Gast: 2 große Hunde pro Zimmer, zusätzlich Gästezwinger
Hundesitter-Dienst: gratis
Auslaufmöglichkeit: direkt ab Haus, Wald, Wiese und eingezäunter Freilauf 1500 m^2
Spazierweg: Wanderungen im Erzgebirge bis Tschechien, Wanderung in den Ort (25 Min.)
Bademöglichkeit: Talsperre, 45 Min. Gehzeit, Schwarzer Teich, 1 Std. Gehzeit, mitten im Wald gelegen. Ausflugstipp: Naturpark Vogtland, kein Leinen- und Maulkorbzwang beim Wandern im Wald
Tierarzt: Ricardo Holler in Zwönitz, Tel. 0049/3775/475325
Hunde-Extra: Teilnahme am Schlittenhundetraining, Verleih kleiner Gespanne (bis vier Hunde) mit Begleitung, Mitgabe von Huskys zum Spaziergang, geführte Hundewanderungen

Reiterhof Wöllnau (Ferienhaus und Ferienwohnung)

Dorfstraße 8
D-04838 Wöllnau,
Region Dübener Heide

Tel. & Fax: 0049/34244/60442
E-Mail: hauck@onlinehome.de
Internet: ferien-reiterhof-woellnau.de

Hunde-Infos
Unterkunft: inmitten eines Waldgebietes
Haustiere: Pferde, Hund, Katzen; Hundedecke/Futternapf a. A. gegen Aufpreis
Unterkunftskosten pro Tag ohne Futter: keine, Futter a. A.
Mitnahme in den Speiseraum möglich: ja
Erlaubte Hundeanzahl pro Gast: unbegrenzt. Hundesitter-Dienst: möglich
Auslaufmöglichkeit: Waldgebiet, ruhig
Spazierweg/Radweg: ausreichend und sehr gut beschildert
Bademöglichkeit: Schwarzbach (400 m), Winkelmühle im See (3 km), Kiesgrube (5 km)
Hundefreundliches Lokal: gegenüber FW/FH
Ausflugstipp: Eilenburg, Bad Düben, Wildpark Leipzig (Leine), Wittenberg, Torgau u. v. m.
Tierarzt: im Haus (Tierärztin Frau Hauck)

Hotel Vier Jahreszeiten Oberwiesenthal GmbH

Annaberger Straße 83
D-09484 Oberwiesenthal,
Region Erzgebirge

Tel.: 0049/37348/18–0, Fax: 0049/37348/73 26
E-Mail: hotelvierjahreszeiten@t-online.de
Internet: www.hotel-vierjahreszeiten.de

Hunde-Infos
Unterkunft: ruhige Lage am Ortseingang
Haustier: Schäferhund
Unterkunftskosten pro Tag ohne Futter: € 5,50
Mitnahme in den Speiseraum möglich: ja
Erlaubte Hundeanzahl pro Gast: max. 2. Hundesitter-Dienst: nein
Auslaufmöglichkeit: direkt am Hotel – Wiese, Hanglage
Spazierweg: Wanderwege, zum Teil rund um den Fichtelberg (15–20 Min.)
Langlaufloipe: zum Teil (ca. 1,5 km)
Ausflugstipp: Klein Erzgebirge in Oederan, Klein Erzgebirge in Waschleithe, Tierpark in unmittelbarer Nähe
Hundeschule/Agility: Bader Christian und Fritzsche Sabine, Parkstraße 12, D-09456 Annaberg-Buchholz, Tel. 0049/3733/429899
Tierarzt: Andreas Schmidt, Geyersdorfer Straße 2, D-09456 Annaberg-Buchholz, Tel. 0049/3733/429247

Restaurant und Hotel „Zur Rosenaue" ***
Schulstraße 5
D-09488 Thermalbad-Wiesenbad, Region Oberes Erzgebirge

Tel.: 0049/3733/56480, Fax: DW 564842
E-Mail: info@rosenaue.de
Internet: www.rosenaue.de

Hunde-Infos
Unterkunft: am Waldrand
Unterkunftskosten pro Tag ohne Futter: € 3,–
Mitnahme in den Speiseraum möglich: ja
Erlaubte Hundeanzahl pro Gast: 1
Hundesitter-Dienst: nein
Auslaufmöglichkeit/Spazierweg: ja
Bademöglichkeit: Fluss Zschopan
Tierarzt: 15 km entfernt

Bundesland Sachsen-Anhalt

Das Land Sachsen-Anhalt mit seiner Landeshauptstadt Magdeburg besteht seit dem 3. Oktober 1990. Es ist eines der burgenreichsten deutschen Bundesländer mit rund 1500 Burgen, Schlössern und Herrschaftssitzen. Eine beliebte Reiseroute in Sachsen-Anhalt ist beispielsweise die Straße der Romanik, eine 1000 Kilometer lange landesweite Tourismusstraße mit 60 Orten und 72 romanischen Kirchen, Klöstern, Domen, Burgen und Pfalzen. Zu den Angeboten an der Straße der Romanik gehören auch Mittelalterfeste, Ritterspektakel sowie Erlebnisgastronomie. Geeignet für Reisende mit Hund sind Besichtigungen der Historischen Parks und Gärten in Sachsen-Anhalt, beispielsweise die Gärten und Parkanlagen des Gartenreiches Dessau-Wörlitz (UNESCO-Welterbe), die Historischen Kuranlagen und Goethe-Theater Bad Lauchstädt, Schloss, Schlosspark Hundisburg und Landschaftspark Althaldensleben, Europa-Rosarium Sangerhausen, Landschaftspark Goitzsche Pouch, Elbauenpark Magdeburg, Gutsparks in der Altmark sowie Kurparks in verschiedenen Heilbäder- und Kurorten.
Für Radfahrer mit vierbeinigem Begleiter stehen insgesamt rund 7000 Kilometer Radwege (Ausbau auf rund 15.000 Kilometer geplant) zur Verfügung, wie z. B. der Saale-Radwanderweg, Elbe-Radweg, Europaradwanderweg R 1, Altmark-Rundkurs oder die Gartenreichtour Fürst Franz.

Beliebte Ausflugsziele sind u. a.:

- Burgen und Schlösser entlang der Straße der Romanik: Burg Saaleck, Rudelsburg Bad Kösen, Kaiserpfalz Tilleda, Burg Giebichenstein Halle, Burg Falkenstein, Burg Querfurt, Schloss Neuenburg Freyburg, Burg und Schloss Allstedt.
- Burgen und Schlösser abseits der Straße der Romanik: Burg Tangermünde, Schloss Wörlitz, Schloss Mosigkau und Schloss Luisium in Dessau, Burg Regenstein bei Blankenburg (frühgeschichtliche Felsenburg), Köthener Schloss, Schloss Wernigerode, Schloss Bernburg.
- Dome, Klöster und Kirchen entlang der Straße der Romanik: Dome: Magdeburg, Naumburg, Halberstadt, Merseburg, Havelberg, Zeitz. Klöster: Unser Lieben Frauen in Magdeburg, Schulpforta bei Naumburg, Jerichow, Michaelstein, Hamersleben, Memleben, Arendsee. Kirchen: Stiftskirche Gernrode, Stiftskirche St. Servatius Quedlinburg, Ruine der Liebfrauenkirche Loburg, Dorfkirche St. Thomas Pretzien (mittelalterliche Wandmalereien), Liebfrauenkirche Halberstadt.
- Parks und Gärten: Gartenreich Dessau-Wörliz (UNESCO-Welterbe), Wörlitzer Park (18. Jh., erster Landschaftspark des europäischen Festlandes im englischen Stil), Schlossgarten Georgium in Dessau (18. Jh.), Rokoko-Schlosspark Mosigkau (18. Jh. französischer Stil), Parkanlage Luisium in Dessau, Elbauenpark (ehemals Bundesgartenschau) in Magdeburg, Kurparkanlagen Bad Lauchstädt, Bad Schmiedeberg, Bad Salzelmen, Blankenburg, Bad Suderode, Bad Kösen.

Nicht vergessen, eine Unterkunft mit Hundesitter-Dienst zu wählen, damit der Vierbeiner liebevoll betreut und Gassi geführt wird, während Herrchen und Frauchen auf Schlossbesichtigungstour o. Ä. sind. Anmerkung: Im Bundesland Sachsen-Anhalt gibt es keine (Kampf-)Hundeverordnung. Es sind Hunde aller Rassen willkommen. Es gibt keinen generellen Maulkorbzwang.

Kontakt

Landesmarketing Sachsen-Anhalt GmbH, Am Alten Theater 6, D-39104 Magdeburg
Tel.: 0049/391/5677080, Fax: 0049/391/5677081
E-Mail: lmg@lmg-sachsen-anhalt.de Internet: www.sachsen-anhalt-tourismus.de

---

Lokaltipps für Urlaub mit Hund im Harz

- Gaststätte „Wanders Rast", Ortsstraße 25, D-38889 Treseburg, Tel.: 0049/39456/370
- Café „Felsterrasse", große Terrasse, Kreisstraße 15a, D-06493 Alexisbad, Tel.: 0049/39484/72230
- Landgasthaus „Jägerstube", Markt 114, D-06493 Dankerode, Tel.: 0049/39484/2136,
- Landgasthaus „Zum Schwarzen Adler", D-06493 Harzgerode, Tel.: 0049/39484/8214
- Speiserestaurant und Café „Marktklause", Markt 10, D-06493 Harzgerode, Tel.: 0049/39484/2345
- Hotel-Restaurant „Selkemühle", Biergarten, Sonnenterrasse, D-06493 Harzgerode-Mägdesprung, Tel.: 0049/39484/91766–68

Sachsen-Anhalt

Hotel Wippertal ***

Bernburger Straße 20
D-06408 Ilberstedt, Region Harz

Tel.: 0049/3471/3619-0, Fax: DW 23
E-Mail. info@wippertal.com
Internet: www.wippertal.com

Hunde-Infos
Unterkunft: Lage Ortseingang
Haustiere: Briard „Teddy"
Unterkunftskosten pro Tag ohne Futter:
€ 4,–, Futter a. A.
Mitnahme in den Speiseraum möglich: ja, auch Hunde erhalten Futter und Wasser
Erlaubte Hundeanzahl pro Gast: max. 2
Hundesitter-Dienst: auf Anfrage
Auslaufmöglichkeit: auf der Wiese vor und hinter dem Hotel, Spaziergang durch den Wald
Spazierweg/Radweg: über die Wipper direkt zum Sportplatz nach Ilberstedt
Hundefreundliches Lokal: „Zur Wiese"

Parkhotel Dessau ****

Sonnenallee 4
D-06842 Dessau-Mildensee,
Region Anhalt-Wittenberg

Tel.: 0049/340/21 00 0, Fax: 0049/340/21 00 250
E-Mail: photeldessau@aol.com
Internet: www.parkhotel-dessau.de

Hunde-Infos
Unterkunft: ruhige Stadtrandlage
Unterkunftskosten pro Tag ohne Futter:
€ 7,50 (einmalig bis 3 Nächte)
Mitnahme in den Speiseraum möglich: angeleint
Erlaubte Hundeanzahl pro Gast: zwei kleine Hunde oder ein großer Hund
Hundesitter-Dienst: nein
Auslaufmöglichkeit: Wiese am Hotel, nahe gelegenes Feld und Wald
Spazierweg: Spazierweg am Hotel, Wanderwege in der Nähe
Radweg: in der Nähe – Elberadweg, Fürst Franz Weg
Ausflugstipp: Wörlitzer Park, Schlosspark Oranienbaum, Biosphärenreservat Flusslandschaft Mittlere Elbe mit Biberfreianlage (Leine), Bauhaus Dessau (nur mit kleinem Hund, Leine), Technikmuseum „Hugo Junkers" (Leine)
Hundeschule/Agility: Parcours/Agility/Hundeschule – Heidestraße/Wolfener Chaussee, im Wald (ca. 15 km)
Tierarzt: Kleintierpraxis & Hundepflege D. Hoth, Heidestraße 149

Hotel-Pension Am alten Anker

Dessauer Straße 286
D-06886 Wittenberg

Tel.: 0049/3491/6200-0, Fax: 0049/3491/6200-11
E-Mail: buero@hotel-am-alten-anker.de
Internet: www.hotel-am-alten-anker.de

Hunde-Infos

Unterkunft: Lage: 5 Gehmin. zum historischen Stadtkern der Lutherstadt Wittenberg; Hundedecke/Futternapf a. A.
Unterkunftskosten pro Tag ohne Futter: keine, Futter a. A.
Hundesitter-Dienst: nein
Auslaufmöglichkeit: Wanderweg am Alten Hafen mit viel Grünflächen, Stadtpark in der Historischen Altstadt mit hundefreundlicher Ausstattung wie Hundetoilettenbeutel
Spazierweg/Radweg: Radwanderweg an der Elbe entlang, viele Wiesen (10 Min.)
Bademöglichkeit: Elbe mit Sandbänken und seichten Uferböschungen, Fließgeschwindigkeit 6–10 km/h (10 Min.)
Ausflugstipp: Stadtpark, Freilichtgehege – weitläufige Parkanlage
Hundeschule/Agility: Hundeschule Pretzsch (30 Automin.)
Tierarzt: Dr. med. vet. Schwede Holger, D-06886 Lutherstadt Wittenberg, Fröbelstraße 25, Tel. 0049/3491/663015

Schloss Kropstädt Servicecenter GmbH

Im Schloss
D-06895 Kropstädt, Region Fläming

Tel.: 0049/034920/70590, Fax: 0049/34920/705922
E-Mail: schlosskropstaedt@t-online.de
Internet: www.schlosskropstaedt.de

Hunde-Infos

Unterkunft: ruhige Lage im Park, Waldnähe
Unterkunftskosten pro Tag ohne Futter:
€ 5,–, Futter a. A.
Mitnahme in den Speiseraum möglich: an der Leine
Erlaubte Hundeanzahl pro Gast: 1; Hundesitter-Dienst: auf Anfrage
Auslaufmöglichkeit/Spazierweg: direkt hinter dem Haus
Bademöglichkeit: am Haus Wassergraben und Teich, Bergwitzsee für Hund und Herrchen (ca. 30 km)
Radweg: R1 und R4 in unmittelbarer Nähe
Hundefreundliches Lokal: im Haus
Ausflugstipp: Naturpark Dübener Heide (30 km), Fläming angrenzend, Wörlitzer Park (30 km), Lutherstadt Wittenberg (15 km)
Hundeschule/Agility: privater Hundeplatz mit Parcours in Rahnsdorf (5 km)
Tierarzt: 5 km

Sachsen-Anhalt

Friesenhof Funny-Friesland, Fewo ***** Privatzimmer ***(**)

Lindenstraße 12/13
D-06895 Rahnsdorf, Region Landkreis
Lutherstadt Wittenberg

Tel.: 0049/34924/22522, Fax: 0049/34924/22521
E-Mail: info@funny-friesland.de
Internet: www.funny-friesland.de & www.amstaff-ina.de

Hunde-Infos

Unterkunft: Gestüt mit Reiterhof in idyllischer Lage am Rande des Landschaftsschutzgebietes „Fläming" mit Blick auf den Wald, Gesamtfläche ca. 50 ha. Haustiere: u. a. Katzen, Hunde, Pferde; Hundedecke, Futter- und Wassernapf im Zimmer
Unterkunftskosten pro Tag ohne Futter: € 2,50, Futter a. A. – mehrere Sorten, € 2,50/Tag
Mitnahme in den Speiseraum möglich: ja. Erlaubte Hundeanzahl pro Gast: 2
Hundesitter-Dienst: in umzäuntem Hundewald mit Hundeschütte und Liegeplatz an unserem Sportplatz – kostenlose Unterbringung des Hundes für einige Stunden, Sonderwünsche des Gastes werden ebenso erfüllt – Kosten nach jeweiligem Aufwand
Auslaufmöglichkeit: auf eigenem Gelände, einschl. Buddelwiese
Spazierweg: ausgeschilderte Wanderwege durch das Landschaftsschutzgebiet Fläming
Bademöglichkeit: gestütseigener Badeteich mit sauberem Quellwasser
Radweg: direkter Anschluss an den Radwanderweg Berlin – Leipzig und an den Fläming-Skate. Ausflugstipp: diverse Schlösser, Burgen und Parks, Katalog erhältlich
Hundeschule/Agility: gestütseigener Hundesportplatz mit turniergerechten Agility-Geräten, kostenlos nutzbar. Tierarzt: gestütseigener Tierarzt, Tierarzt in Zahna (5 km)

Landhaus Plate *** – Haus des DTV (Bauernhofferien)

Dorfstraße 7, Hagen
D-29416 Altensalzwedel,
Region westl. Altmark

Tel.: 0049/39035/8104, Fax: DW 97947
E-Mail: info@landhaus-plate.de
Internet: www.Landhaus-Plate.de

Hunde-Infos

Unterkunft: Waldrand mit Fluss, ruhig; Hundedecke/Futternapf a. A.
Haustiere: 8 Hunde, ca. 25 Pferde, Enten, Hühner und Katzen
Unterkunftskosten pro Tag ohne Futter: € 2,50, Futter a. A.
Mitnahme in den Speiseraum möglich: ja. Erlaubte Hundeanzahl pro Gast: 2
Hundesitter-Dienst: auf Wunsch. Auslaufmöglichkeit: 1600 m, direkt ab Hof
Spazierweg: ausgeschildertes Reitwegenetz grenzt an Hof
Bademöglichkeit: Fluss Purnitz (50 m) – an das Grundstück grenzt eine Brücke mit Treppe, wo man besonders gut ins Wasser hinein gelangt, Arendsee (26 km). Hundeschule: Willi Wuff – Teamtraining für Mensch und Hund, Stöckheim, Tel. 0049/39007/41104 (20 km)
Tierarzt: Angelika Netzband, Mahlsdorf, Tel. 0049/172/3010818

Gästehaus Bruns im Harz

Darlingeröder Straße 3
D-38871 Wernigerode – Drübeck,
Region Harz

Tel.: 0049/3943/603610, Fax: 0049/3943/634272
E-Mail: kontakt@gaestehaus-bruns.de
Internet: www.gaestehaus-bruns.de

Hunde-Infos
Unterkunft: Waldlage. Haustiere: Colli Arco; Hundedecke/Futternapf a. A.
Unterkunftskosten pro Tag ohne Futter: € 3,–, Futter a. A.
Mitnahme in den Speiseraum möglich: ja. Erlaubte Hundeanzahl pro Gast: unbegrenzt
Hundesitter-Dienst: auf Anfrage
Auslaufmöglichkeit: 4.000 m², z. T. eingezäunter Garten
Spazierweg: Richtung Brocken/Wernigerode/Ilsenburg/Ilsestein
Bademöglichkeit: 100 m² Badeteich mit Fischen auf eigenem Grundstück
Radweg: direkt am Internationalen Radwanderweg R 1 gelegen
Ausflugstipp: Waldgasthaus Plessenburg (4 km)
Hundeschule/Agility: Hundetrainingsplatz (1,5 km)
Tierarzt: Thomas Fritzsche, Harzburger Straße 24, D-38871 Ilsenburg,
Tel. 0049/394 52/84170 (2,5 km)
Hunde-Extra: diverse Huskyrennen

Hotel Ratswaage Magdeburg ****

Ratswaageplatz 1–4
D-39104 Magdeburg, Region Elbe-Börde-Heide (Mitteldeutschland)

Tel. & Fax: 0049/391/59260
E-Mail: hotel@ratswaage.de
Internet: www.ratswaage.de

Hunde-Infos
Unterkunft: zentrale Innenstadtlage
Unterkunftskosten pro Tag ohne Futter: € 8,–
Mitnahme in den Speiseraum möglich: ja. Erlaubte Hundeanzahl pro Gast: 1–2
Hundesitter-Dienst: nein
Spazierweg: nahe der Elbe (8–10 Min.) mit Spaziermöglichkeit am Schleinufer & Petriförder (Leine). Radweg: Elbe-Radweg (5 Min.)
Langlaufloipe: Stadtpark Rothehorn (5 Automin.)
Ausflugstipp: Zoo Magdeburg (10 Automin., Leinenpflicht), Europas größtes Wasserstraßenkreuz (15 Automin.)
Hundeschule/Agility: Hundeschule-Kaiserkrone (Hundeausbildung, Hundepension), Tel. 0049/391/8119595, Gübser Weg 100Z, Magdeburg (6 Automin.)
Tierarzt: Tierklinik Magdeburg, Spezialklinik für Klein- u. Heimtiere, D-39108 Magdeburg, Ebendorfer Straße 39 (5 Automin.), Tel. 0049/391/7318640

Hotel Scivias GmbH

Fermersleber Weg 71
D-39112 Magdeburg,
Region Elbe-Börde-Heide

Tel. & Fax: 0049/391/62526-0
E-Mail: info@hotel-scivias.de
Internet: www.hotel-scivias.de

Hunde-Infos
Unterkunft: zentrale Lage, inmitten eines grünen Umfeldes; Haustiere: frei laufende Hühner
Unterkunftskosten pro Tag ohne Futter: keine
Mitnahme in den Speiseraum möglich: auf Anfrage
Erlaubte Hundeanzahl pro Gast: 2, bei mehreren Hunden Rücksprache
Hundesitter-Dienst: nein
Spazierweg: direkt ab Haus, neben einer Gartenanlage

NH Magdeburg ****

Olvenstedter Straße 2 A
D-39179 Ebendorf, Region Ohrekreis

Tel.: 0049/392/03700, Fax: 0049/392/0370100
E-Mail: nhmagdeburg@nh-hotels.com
Internet: www.nh-hotels.com

Hunde-Infos
Unterkunft: mitten im Grünen gelegen
Hundedecke im Zimmer, Futternapf a. A.
Unterkunftskosten pro Tag ohne Futter:
€ 5,–, Futter a. A.
Mitnahme in den Speiseraum möglich: ja
Erlaubte Hundeanzahl pro Gast: beliebig
Hundesitter-Dienst: nein
Auslaufmöglichkeit/Spazierweg: Erholungspark Friedrichsruh (5 Gehmin.)
Bademöglichkeit: im Erholungspark Friedrichsruh (10 Gehmin.)
Radweg: im Ort Ebendorf (10 Gehmin.)
Hundefreundliches Lokal: hoteleigenes Restaurant, Futternapf vorhanden
Ausflugstipp: Elbauenpark
Tierarzt: Gemeinschaftspraxis Kattein & Rummer, Agrarstraße 13, Magdeburg

Im Baumgarten, Pension und Verleihservice

Baumgarten 1
D-39240 Groß Rosenburg, OT Klein Rosenburg
Region Biosphärenreservat Mittlere Elbe

Tel.: 0049/39294/20604, Fax: 0049/39294/20604
E-Mail: baumgartenmalecki@web.de
Internet: www.baumgarten-malecki.de

Hunde-Infos
Unterkunft: Ortsrand hinter dem Saaledeich, Wald, 1 ha Pferdekoppel; Hundedecke/ Futternapf a. A.
Haustiere: Schäferhündin, Dackelmischling-Hündin
Unterkunftskosten pro Tag ohne Futter: € 2,–, Futter vom Tierarzt geliefert € 1,–/Tag
Mitnahme in den Speiseraum möglich: ja
Erlaubte Hundeanzahl pro Gast: nach Absprache bis zu zwei Hunde
Hundesitter-Dienst: nach Absprache
Auslaufmöglichkeit: Grundstück 10.000 m^2 groß
Spazierweg: Feldweg entlang des Deiches, Wege auf dem Deich
Bademöglichkeit: im Fluss Saale oder in der 4,5 km entfernten Elbe
Radweg: Elbe- und Saale-Radwanderwege. Langlaufloipe: im Auenwald je nach Laune
Hundefreundliches Lokal: Schiffsrestaurant Marie-Gerda in Breitenhagen an der Elbe (4 km), schöner Rad/Fußweg. Hunde-Extra: Ausleih-Paddelboote für Paddeln mit Hund, Infos im Internet unter www.open-canoe-journal.de/journal-0/hund.htm und www.canoeweb.de/Themen/t-hund.htm

Hotel-Pension Villa Wittstock

Blumenthaler Landstraße 7
D-39288 Burg, Region Jerichower Land

Tel.: 0049/3921/988987, Fax: 0049/3921/990272
E-Mail: webmaster@villawittstock.de
Internet: www.villawittstock.de

Hunde-Infos
Unterkunft: Stadtrandlage, 8 Gehmin. ins Zentrum
Hundedecke/Futternapf im Zimmer
Unterkunftskosten pro Tag ohne Futter: € 2,–, Futter a. A.
Mitnahme in den Speiseraum möglich: nein
Erlaubte Hundeanzahl pro Gast: max. 2. Hundesitter-Dienst: nein
Auslaufmöglichkeit/Spazierweg: Fußwege am Mittellandkanal, Waldrand, an der Elbe, Elbauen, auf dem Deich. Radweg: Elbradwanderweg
Bademöglichkeit: am Niegripper und Parchauer See – beide am Wald gelegen
Ausflugsziele: Schiffsfahrt mit der MS Jerichower Land, Wasserstraßenkreuz Hohenwarthe
Hundefreundliches Lokal: Restaurant „Athos" und „Die Tenne"
Hundeschule/Agility: in Detershagen (ca. 10 km)

Bundesland Schleswig-Holstein

Sonne, Wind und Wellen – Schleswig-Holstein ist zu jeder Jahreszeit eine Reise wert. Das Land zwischen den Meeren, nördlich der Elbe und südlich von Skandinavien gelegen, vereint Frische, Natur, Kultur und Aktivitäten miteinander. Das Urlaubsland vor den Toren Hamburgs ist ein Seefahrer- und Wassersport-Land. Meer, Seen oder Strände liegen immer irgendwie in der Nähe. Es gibt Sand und Strand für ausgedehnte Wanderungen, so weit die Beine bzw. Pfoten tragen.

Die Ostseeküste ist ein Ziel für Familien und Paare, für Entdecker und Genießer – und natürlich für Urlauber mit Hund. Von Travemünde bis Glücksburg liegen die Seebäder auf fast 400 Kilometer Küste eingebettet. Weitläufige, moderne Golfanlagen, herrliche Steilküsten und Sandstrände, gemütliche Fischerdörfer, lebhafte Kleinstädte oder prächtige Schlösser- und Gutsanlagen wechseln sich miteinander ab.

Dort, wo Ebbe und Flut den Tagesrhythmus von Mensch und Tier bestimmen, liegt die Nordseeküste. Erholsame Strandspaziergänge mit dem Vierbeiner, Buddeln und Schnüffeln im Sand, Faulenzen im Strandkorb, Radtouren über kilometerlange Deiche – dafür steht Urlaub an der Nordseeküste. Der „Nationalpark Schleswig-Holsteinisches Wattenmeer" erstreckt sich über Wattflächen, Salzwiesen, Priele und Buchten, über Strand, Inseln und unbewohnte Halligen zwischen Elbmündung und dänischer Grenze.

Die Region „Binnenland Schleswig-Holstein" liegt zwischen Nord- und Ostsee

und zwischen den Städten Itzehoe, Rendsburg, Schleswig und Flensburg. Abseits der Touristenströme bummelt der Besucher durch traditionsreiche Städte, erschließt sich per Rad den Historischen Ochsenweg oder übernachtet in urigen Heuhöfen. Mit seinen zahlreichen Seen und Flüssen in hügeliger Landschaft ist die Region ein beliebtes Revier für Angler und Wassersportler, Wanderer oder Radfahrer.
Die Nähe zu den Stränden und Badeorten der Ostsee macht die Holsteinische Schweiz für Urlauber so reizvoll, und neben der abwechslungsreichen Natur, in der verstreut alte Gutshöfe, Herrenhäuser und alte Dörfer liegen, laden auch die Städte Plön, Eutin, oder Preetz mit ihrem kleinstädtischen Flair ein.
Das Herzogtum Lauenburg setzt sich aus drei Erlebniswelten zusammen. Wie Perlen einer Kette liegen historische Städte an der Alten Salzstraße. Lüneburg, Mölln, Ratzeburg und Lübeck sind Stationen des gleichnamigen kulturträchtigen Radfernweges im Grünen. Einen weiteren Schwerpunkt für Ausflüge bildet der Naturpark Lauenburgische Seen und Schaalsee, in dem sich Wanderwege, Seebadestellen, Bauernhofcafés und Landhotels für mehrtägige Aktivitäten anbieten.
Radfahrtipp: Der Nordsee- und Ostseeküstenradweg führt entlang der Küsten. Quer durch das Binnenland schlängelt sich der „Ochsenweg", ein historischer Viehhandelsweg, auf dem man von der dänischen Grenze bis an die Elbe radeln kann.

Kontakt

Tourismus-Agentur
Schleswig-Holstein GmbH
Walkerdamm 17
D-24103 Kiel
Service-Hotline: 01805/600/604 (0,12 €/Min.)
Info-Fax: 01805/600/644 (0,12 €/Min.)
E-Mail: info@sh-tourismus.de
Internet: www.sh-tourismus.de

<u>Strand- und Meeraufenthalt für Vierbeiner</u> an hierfür vorgesehenen Hundestränden:

Hundestrände Ostsee

(Karte mit Orten: Falshöft, Damp, Kieler Bucht, Fehmarn, Hohwacht, Kiel, Dahme, Holsteinische Schweiz, Haffkrug, Scharbeutz, Grömitz, Timmendorfer Strand, Niendorf, Travemünde, Lübeck)

Ostseeheilbad Travemünde mit Hundestrand

Travemünde ist eines der schönsten und reizvollsten Seebäder Europas. Beim Bummel über die Flaniermeile der historischen Strandpromenade lassen sich die faszinierenden Segeloldtimer, tuckernden Hochseefischerboote und riesigen Fährschiffe auf der Ostsee hautnah bewundern. 4,5 Kilometer lang ist der feine Sandstrand, der vom Priwall bis zum Brodtener Steilufer zum unbeschwerten Bade- und Sonnenspaß einlädt. Ausgedehnte Strandspaziergänge

mit frischer Meeresbrise und ein Besuch im urigen Fischereihafen mit Blick auf den fangfrischen Fisch bieten das ganze Jahr über maritime Sinnesfreuden.
Der historische Leuchtturm lädt seit seiner Restaurierung im Jahr 2003 zu einem Besuch des maritimen Museums ein.
Ein besonderes Badevergnügen erwartet die vierbeinigen Kurgäste im Ostseeheilbad Travemünde. Ein spezieller Badesteg lädt die Vierbeiner am Hundestrand Brodtener Ufer (nördliche Lage, am Ende der Travemünder Promenade, hinter dem Möwenstein-Parkplatz – großsandig mit vielen Steinen) zu einem bequemen Bad im kühlen Nass ein. Der Steg, der ursprünglich als normaler Badesteg für Zweibeiner gebaut war, sorgt nun durch ein langsames Gefälle bis zum Meeresboden dafür, dass die Hunde wohlbehalten in die Ostsee hinein- und natürlich auch wieder bequem hinausgelangen können. Frauchen und Herrchen freuen sich, denn nun müssen sie ihren kleinen Liebling nicht länger auf dem Arm über die großen Steine tragen. Der Strand am Brodtener Ufer ist generell gebührenfrei.
Neben dem 100 m langen Strandabschnitt am Brodtener Ufer hinter der ehemaligen Seebadeanstalt Möwenstein (in Richtung FKK) ist auch ein Hundemitführstrand auf dem Priwall ausgewiesen. Es handelt sich um einen 100 m langen Abschnitt, beginnend unmittelbar hinter der Personenfähre. Genau wie am „Nicht-Hundestrand" wird am neuen Hundestrand auf dem Priwall in der Zeit vom 1. Mai bis 30. September die Strandbenutzungsgebühr in Höhe von € 1,– pro Person erhoben. Die Abgrenzung dieser Strandabschnitte für Hundebesitzer erfolgt durch eine entsprechende Beschilderung.

Kontakt

Lübeck und Travemünde Tourist-Service GmbH
Strandpromenade 1b
D-23570 Travemünde
Hotline-Tel.: 0049/1805/882233, Fax: 0049/451/4091-990
E-Mail: kontakt@travemuende-tourismus.de
Internet: www.travemuende-tourismus.de

Seebad Niendorf/Timmendorfer Strand

Abgegrenzter feinsandiger 300 m langer Strand, westlich vor dem Niendorfer Hafen in Höhe der „An der Acht" – Strandpromenade, an der Grenze der Hafeneinfahrt Niendorf, kurtaxenpflichtig. Strandkörbe vorhanden, ebenso erhältlich sind Doggy-Bags an der Kasse zum Strand.

Kontakt

Tourist-Service-Center
Timmendorfer Strand e.V.
Timmendorfer Platz 10
Tel.: 0049/4503/3585-0, Fax: 0049/4503/358545
Internet: www.timmendorfer-strand.de

Schleswig-Holstein

Seebad Scharbeutz

Das Hundeauslaufgebiet liegt in einem abgetrennten Bereich in der Scharbeutzer Heide, in dem der Hund auch von der Leine genommen werden darf. Der öffentliche Hundestrand befindet sich zwischen Scharbeutz und Haffkrug (Wegbeschreibung: Strandallee [Haffkrug]).

Kontakt
Tourismus-Service Scharbeutz
Bahnhofstraße 2
D-23683 Scharbeutz
Tel.: 0049/4503/770964, Fax: 0049/4503/72122
E-Mail: info@scharbeutz.de
Internet: www.scharbeutz.de

Seebad Haffkrug

Das einstige Fischerdorf Haffkrug gilt als das älteste Seebad an der Lübecker Bucht. Entlang der Promenade lassen sich ausgedehnte Spaziergänge bis nach Scharbeutz oder nach Sierksdorf unternehmen. Tipp: Panoramablick von der Haffkruger Seebrücke auf die Lübecker Bucht und die Kulissen der angrenzenden Seebäder. Der Hundestrand befindet sich beim Strandabschnitt 23.

Kontakt
Tourist-Info im Kurparkhaus Haffkrug
Im Kurpark
D-23683 Scharbeutz
Tel.: 0049/4563/1404
Internet: www.haffkrug.de
Diese Tourist-Info-Stelle ist eine Zweigstelle vom Tourismus-Service Scharbeutz (s. o.) und nur in der Zeit ab Ostern bis ca. Anfang Oktober geöffnet.

Hundestrände von Grömitz

Grömitz zählt zu den größten Seeheilbädern Schleswig-Holsteins und ist zu jeder Jahreszeit eine Reise wert. Flanieren Sie entlang der über drei Kilometer langen Strandpromenade und im Yachthafen und genießen Sie mit Ihrem Vierbeiner den acht Kilometer langen feinsandigen Strand. Oder spazieren Sie durch typische Dünenlandschaften, weite Felder und Wiesen sowie malerische Steilufer. Es gibt zwei Hundestrände in Grömitz:
- Ca. 1700 m langer, gepflegter Hundestrand am Ende vom Nordstrand der Promenade (Richtung Lendste), Naturstrand hinter dem Yachthafen, 150 Strandkörbe für Hund und Herrchen, gebührenpflichtig.
- Oststrand am Ende der Kurpromenade, neben dem Bootsankerplatz

149

Kontakt

Tourismus-Service Grömitz
Kurpromenade 58
D-23739 Ostseeheilbad Grömitz
Tel.: 0049/4562/256-0, Fax: 0049/45 62/256-246
E-Mail: info@groemitz.de
Internet: www.groemitz.de

Ostseeheilbad Kellenhusen

Hier können Sie mit Ihrem Hund die einzigartige Landschaft von Wald und Meer erleben. Südöstlich spazieren Sie durch den hellen, feinsandigen Strand, weiter nordwestlich wandern Sie durch einen dichten, gemischten Laubwald. Die Hundestrände befinden sich nördlich und südlich des Hauptstrandes, je nach Bedarf mit und ohne Strandkörbe (gebührenpflichtig). Der gepflegte Strand besteht aus weißem Sand, der flach ins Wasser abfällt – ideal zum Einstieg für Hunde. Auch ist hier die Brandung oftmals nur mäßig.
Im Ort, im Wald und auf der Promenade herrscht Leinenzwang. Hundekot-Beutel sind kostenlos im Tourismus-Service Kellenhusen erhältlich.

Kontakt

Kurverwaltung Kellenhusen
Strandpromenade
D-23746 Kellenhusen
Tel.: 0049/4364/4975-0, Fax: 0049/4364/4975-22
E-Mail: info@kellenhusen.de
Internet: www.ostsee-ferien-land.de/kellenhusen/de

Hundestrand Dahme

Über 6,5 km feinsandiger Badestrand, gesäumt von seichter Uferzone und einer Strandpromenade, laden in dem ursprünglichen Fischerdorf zum Verweilen ein. Hier befindet sich nördlich des Hauptstrandes ein sehr gepflegter, großzügiger, öffentlicher Hundestrand mit und ohne Strandkörbe. Im Ort sowie im Strand- und Vordeichgebiet sind Hunde an der Leine zu führen. Hundekot-Tüten erhält man kostenlos im „Haus des Gastes".

Kontakt

Kurbetrieb Dahme
Strandpromenade 15
D-23747 Dahme
Tel.: 0049/4364/4920-0, Fax: 0049/4364/4920-28
E-Mail: info@dahme.com
Internet: www.dahme.com

Schleswig-Holstein

Hohwachter Bucht mit zwei Hundestränden

Zwischen Kiel und Fehmarn in den Ausläufern der Holsteinschen Schweiz gelegen, gilt die Region „Hohwachter Bucht" mit ihren zahlreichen Gütern und ihren stolzen Herrenhäusern, gemütlichen Dörfern wie Hohwacht, Blekendorf, Behrensdorf, Panker, Hohenfelde und der Stadt Lütjenburg als Geheimtipp. Hier finden Hundeurlauber mit ihren Vierbeinern Erholung pur bei langen Spaziergängen entlang der ca. 35 km langen Ostseeküste, bei einer Radtour durch die zahlreichen Vogelschutz- und Naturschutzgebiete (Leine!) sowie beim Relaxen im Strandkorb am Meer. Zwei rund 30 m breite Hundestrände sind vorhanden: sie befinden sich an der zweiten Mole sowie bei der ehemaligen Strandesberghalle (Leine).

Überall muss eine Kurtaxe bezahlt werden – Strandkörbe sind vorhanden. Im gesamten Gemeindegebiet Hohwacht besteht Leinenzwang; da der Ort unmittelbar von mehreren Naturschutzgebieten umschlossen ist, besteht leider auch wenig Auslaufmöglichkeit.

Kontakt

Hohwachter Bucht Touristik GmbH
Berliner Platz 1
D-24321 Hohwacht
Tel.: 0049/4381/9055-0, Fax: DW 55
E-Mail: info@hohwachterbucht.de
Internet: www.hohwachterbucht.de

Ostsee – Kiel

Das Leben in der Stadt mit ihren fast 240.000 Einwohnern bietet Hunden sehr viele Auslaufflächen. Nähere Auskünfte bzw. entsprechende Folder erhalten Sie bei der Landeshaupstadt Kiel, Grünflächenamt, Tel. 0049/431/9013807. Abseits der Kurstrände können Hundebesitzer ihre vierbeinigen Freunde an den beiden nachstehenden Hundeständen frei laufen lassen – sonst herrscht Leinenzwang auf der ganzen Insel:

- Hundestrand Falkenstein: 100 m nördlich und 200 m südlich der Straße Scheidekoppel.
- Hundestrand Schilksee: Unterhalb der ehemaligen Funkstelle gibt es einen inoffiziellen, aber bekannten FKK-Strandabschnitt, südlich davon befindet sich der Hundestrand.

Kontakt

Tourist Information Kiel e.V.
Neues Rathaus
Andreas-Gayk-Straße 31
D-24103 Kiel
Tel.: 0049/1805/656700, Fax: 0049/431/6791099
E-Mail: info@kiel-tourist.de
Internet: www.kiel.de

Hundestrand Damp

Damp (zwischen Kiel und Flensburg) liegt direkt an einem der schönsten und längsten feinsandigen Ostseestrände. Hier befindet sich auch ein sehr schöner Hundestrand – im Zentrum von Damp, auch Südstrand genannt. Vereinzelt sind Strandkörbe vorhanden.
Ebenso laden zahlreiche Wälder und Wiesen zum Spazierengehen mit Hund ein. Hundekot-Beutelspender befinden sich an der DLRG Rettungswache.

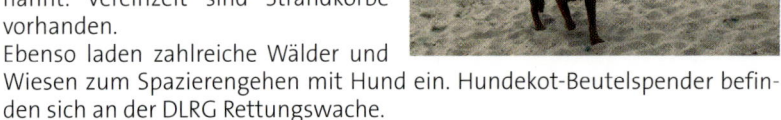

Kontakt
Damp Touristik GmbH
Seeuferweg 2
D-24351 Ostseebad Damp
Tel.: 0049/4352/801000, Fax: 0049/4352/808936
E-Mail: ostseebad@damp.de
Internet: www.damp-urlaub.de

Hundestrand von Falshöft

Hier sind die Hunde nicht aus dem Ort verbannt worden, sondern der Hundestrand (350 m) gehört zum zentralen Strandabschnitt des Ortes Falshöft. Beginn und Ende des Hundestrandes sind durch Schilder markiert; vor und hinter dem Hundestrand befindet sich der normale Badestrand. Daraus erkennt man schon, dass die Hundebesitzer mit ihren Hunden genauso zum Strandleben dazugehören wie normale Strandgäste.
Außerhalb der normalen Badesaison (Mai–Sept.) ist hier auch das Reiten am Strand gestattet, in dieser Zeit kann man auch lange Strandspaziergänge außerhalb des Hundestrandes mit dem Hund vornehmen. (Internetinfo: www.schlei-ostsee-urlaub.de/umgebung/dorf/falshoeft.html)

NORDFRIESISCHE INSELN

Insel Sylt

Endloser, weißer Sand, eine angenehme kühle Brise, schäumende Brandung und ein Herz für Hunde – das ist die Insel Sylt, die beliebteste der 15 Nordfriesischen Inseln. Rund 800.000 Reiselustige besuchen jährlich Sylt. Ferien am Meer begeistern Hund und Herrchen/Frauchen gleichermaßen: denn jeder vierte Urlauber reist bereits mit seinem Hund! Die Badestrände befinden sich entlang der Westseite von List bis nach Hörnum. Tipp: Am Lister Ellenbogen gibt es keine Strandkörbe, aber viel Platz für lange Spaziergänge, bei denen man sich ein ruhiges Liegeplätzchen nach Belieben auswählen kann.

Bitte beachten Sie den Leinenzwang in Naturschutz- und Schafzuchtgebieten: Auf Sylt leben viele Tiere, wie beispielsweise Schafe, Robben und Seevögel, und die Vierbeiner können die Tiere bei der Futtersuche, Nist oder Brut stören. Auf der Westerländer Promenade sind Hunde generell erlaubt, müssen aber, wie in der gesamten Fußgängerzone, angeleint sein. Nur in der Vor- und Nachsaison dürfen Hunde außerhalb des Strandkorbbereiches frei laufen, in den Monaten März bis Juni müssen Hunde an die Leine (Nistplätze der Vögel!).

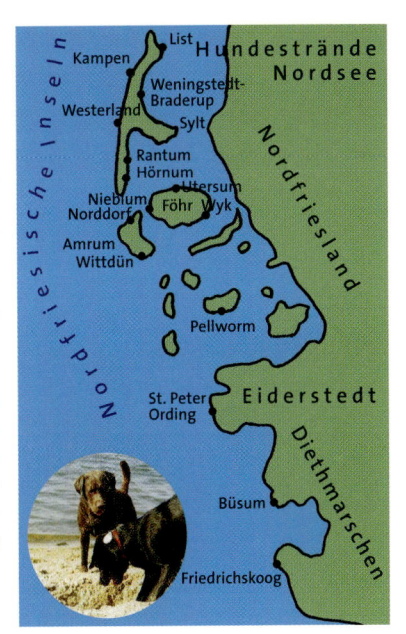

Sechs Sylter Hundestrände

- List: der Hundestrand befindet sich im Norden – beinahe am Ellenbogenberg – am Textil- und FKK-Strand. (Der Oststrand ist nicht für Hunde erlaubt.)
- Kampen: direkt am Roten Kliff gelegen, Hundestrand ausgeschildert. Von Mai bis Ende Oktober ist der „Hundesheriff" Gary Ward im Auftrag der Gemeinde im Ort und am Strand unterwegs, um den liegen gebliebenen Hundekot aufzusammeln!
- Wenningstedt-Braderup: nur im nördlichen Strandbereich beim Übergang Nähe Campingplatz können Hunde mitgenommen werden.
- Westerland: Hundestrand Süd bei Dikjen Deel, Südstrand Abschnitt 4.90, FKK-Strand für Gäste mit Hund. Hundestrand Nord an der Nordseeklinik, Nordstrand Abschnitt 4.11, Textilstrand für Gäste mit Hund. Hundekot-Beseitigungs-Sets sind an den Strandübergängen und am Kurmittelhaus erhältlich.
- Rantum: zwei Strandübergänge (aber leider keine Tütenspender fürs Hundehäufchen – also bitte mitnehmen!) – ausgeschilderter Hundestrand (Nähe Samoa-Strandübergang, zwischen Textil- und FKK-Strand).
- Hörnum: ganz im Süden gelegen inmitten eines Vogelschutzgebietes (Leine!) – aber für Spaziergänge mit Blick über die offene See ein Erlebnis! Textil- und Hundestrand südlich der Schutzstation Wattenmeer, FKK- und Hundestrand im südlichen Bereich.

Hundefreundliche Unterkünfte

Hunde-Lokaltipps
- eine Gourmetküche erwartet Zweibeiner in der „Sturmhaube" in Kampen und auch für Vierbeiner gibt's ein Leckerli
- „Kupferkanne", „Vogelkoje" und Strandsbistro „La Grande Plage" in Kampen
- „Seepferdchen Samoa" und „Sansibar" in Rantum
- „Strandhalle" in List
- Strandlokal „Wonnemeyer" in Wenningstedt: Hier erwarten durstige Hunde mehrere Hundetränken und oftmals auch ein Leckerchen
- „Südkap" in Hörnum

Hundeerziehung und Agility

Im Urlaub nehmen sich viele Menschen die Zeit, Ihren Hund – und sich selbst – fit für den Alltag zu machen und belegen einen Kurs oder Trainingsstunden für Hundeerziehung. Die Sylter Hundeschule in Morsum bietet Einzel- und Gruppentraining an, Agility, Dogdance, Reitbegleithund-Training und vieles mehr.

Kontakt

Hundeschule, Corina Orth, Melnstig 3, D-25980 Morsum, Tel.: 0049/4651/89 15 73, Internet: www.sylter-hundeschule.de

„Schietbüdel" gegen Hundehäufchen:
Es kann durchaus vorkommen, dass Hunde ihr kleines oder großes Geschäft an Plätzen verrichten, die dafür nicht vorgesehen sind. Verantwortungsvolle Hundehalter werden in diesem Fall die Hundehäufchen bequem und hygienisch mittels kostenloser Hundebeutel entfernen, welche wiederum in den öffentlichen Abfallbehältern entsorgt werden. In Sylt gibt es an jedem Mülleimer und an fast jedem Strandübergang und in den Fußgängerzonen Hundetüten-Spender, so genannte „Hygienebeutel" – auf Friesisch „Schietbüdel". Hier sind die praktischen Beutel erhältlich:
- an den Strandübergängen
- im Service-Shop, Strandstraße 32
- im Info-Shop, Friedrichstraße 44
- im Rathaus Westerland, Andreas-Nielsen-Straße 1
- aus Hundetütenspendern, die an vielen Müllbehältern in Westerland angebracht sind

Kontakte

Westerland/Sylt
Tourismus-Service Westerland GmbH & Co KG
Strandstraße 35
D-25980 Westerland
Kostenpfl. Servicenr.: 0049/180-500 99 80, Fax: 0049/4651/998 60 00
E-Mail : info@westerland.de
Internet: www.westerland.de

Sylt Marketing GmbH
Stephanstraße 6
D-25980 Westerland/Sylt
Tel.: 0049/4651/82020, Fax: 0049/4651/820222
E-Mail: info@sylt.de
Internet: www.sylt.de

Insel Föhr

Auf der grünen 82 km² großen Insel Föhr mit ihren langen Stränden kann man sich beim ungestörten Wandern den Wind um die Nase bzw. Schnauze wehen lassen, den Vögeln lauschen oder einfach den Blick auf die Nordsee genießen. Auf der ganzen Insel sind Hunde an der Leine zu führen. Vor allem im Watt, auf dem Deich und auf den Wiesen dient die Leinenpflicht zum Schutz brütender Vögel.

Die Insel verfügt über vier Hundestrände:
- Zwei idyllisch gelegene Hunde-Strände zählen zu den Inseldörfern Utersum (separater Aufgang z. Hundestrand vorhanden) und Nieblum. In Nieblum (Zone 37 und am Flugplatz) kann man Strandkörbe ausleihen, welche den Hunden Schatten spenden.
- Zwei der Strandabschnitte, die speziell für Urlaubende mit Hund reserviert sind, befinden sich in Wyk, dem Hauptort der Insel. Davon ist einer sehr zentral und Nahe dem Wyker Zentrum gelegen und bietet mit Beachvolleyball und Surfschule viel Abwechslung; der andere Strand befindet sich etwas außerhalb und ist eher für Leute geeignet, welche die Ruhe genießen wollen (auch FKK-Bereich). Hundekot-Tüten erhält man an den überall auf der Insel aufgestellten Automaten.

Kontakte

Föhr Touristik e. V.
D-25933 Wyk auf Föhr
Tel.: 0049/4681/30100
E-Mail: urlaub@foehr.de
Internet: www.foehr.de

Kurverwaltung Utersum
Klaf 2
D-25938 Utersum auf Föhr
Tel.: 0049/4683/346, Fax: DW 13 61
E-Mail: kv-utersum@t-online.de
Internet: www.utersum.de

Kurverwaltung Nieblum
Poststraat 2
D-25983 Nieblum auf Föhr
Tel.: 0049/4681/2559, Fax: DW 3411
E-Mail: info@nieblum.de
Internet: www.nieblum.de

Tourismus GmbH Wyk auf Föhr
Gästeservicecenter
Hafenstraße 23
D-25938 Wyk auf Föhr
Tel.: 0049/4681/300
Fax: 0049/4681/3068
E-Mail: urlaub@foehr.de
Internet: www.foehr.de

Insel Amrum

Bei Ebbe tauchen feucht glänzende Schlick- und gelbe Sandwatten auf und laden zur Wattenwanderung ein. Zahlreiche Spazierwege durch Wald, Heide und Dünenlandschaften sorgen für einen aktiven Urlaub – und dies in gesunder, reiner Luft. Denn der Wind, der in wechselnden Stärken meist vom Westen her über die Insel bläst, sorgt für den Salzgehalt und die Reinheit der Luft. Zwei Hundestrände sorgen für Badevergnügen der Vierbeiner:

- Hundestrand Wittdün: am Südstrand, westliches Ende, Richtung Kniepsand gelegen.
- Hundestrand Norddorf: im nördlichen Bereich bei den Surfschulen gelegen.

Kontakt

AmrumTouristik
D-25946 Wittdün-Amrum
Tel.: 0049/4682/94030, Fax: 0049/4682/940320
E-Mail: info@amrum.de
Internet: www.amrum.de

Insel Pellworm

Die Insel Pellworm ist ein Nordseeheilbad und befindet sich im Herzen des Nationalparks Schleswig-Holsteinisches Wattenmeer. Das Reizklima der Nordsee wirkt lindernd bei Atemwegserkrankungen, bei allgemeinen Hauterkrankungen, z. B. Neurodermitis, Schuppenflechte (Psoriasis), bei Erkrankungen des gesamten Bewegungsapparates sowie bei Stress- und Erschöpfungszuständen. Das Kurmittelhaus befindet sich ca. 200 m von den Kurappartements Pellworm entfernt und wurde vom Heilbäderverband Schleswig-Holstein mit einem entsprechenden Qualitätsgütesiegel ausgezeichnet. Dort werden klassische Massagen, Krankengymnastik, Lymphdrainagen, Kneippanwendungen, Solebäder, Ayurveda-Massagen usw. angeboten. Aus den Tiefen des Meeres wird der kostbare Schlick geborgen, der z. B. für Wärmepackungen, Schlickvollbäder usw. eingesetzt wird.

Am Deich, im Vorland und im Watt sind Hunde an kurzer Leine zu führen. Alle Badestrände sind Grasstrände, keine Sandstrände. Es gibt auf der Insel drei Hundestrände – an den übrigen Stränden sind Hunde nicht gestattet:

- Hundestrand am Außendeich: Der Strandabschnitt ist wegen der auf den Deichen grasenden Schafe eingezäunt. Es gibt eine Dusche und somit die Möglichkeit, den Hunden die Pfoten abzuspülen, wenn sie von einem Spaziergang aus dem Wattenmeer kommen. Strandkörbe sind vorhanden.
- Hundestrand am Deich im Süderkoog: Dies ist ebenso ein so genannter Grünstrand, d. h. die Strandkörbe stehen am Deich. Badetreppen führen ins Wasser und der Strand ist unbewacht. Dieser Strand ist ausdrücklich für Hunde erlaubt.
- Hundestrand „Hooger Fähre".

Schleswig-Holstein

Strandbeschreibungen und Informationen zum Thema Badewasserqualität finden Sie im Internet unter www.schleswig-holstein.de/landsh/mags/badewasser.

> Kontakt
> Tourist Information Pellworm
> Uthlandestraße 2, D-25849 Pellworm
> Tel.: 0049/4844/18940, Fax: 0049/4844/18944
> E-Mail: info@pellworm.de   Internet: www.pellworm.de

Nordseebad St. Peter-Ording

St. Peter-Ording liegt mitten im Nationalpark Schleswig-Holsteinisches Wattenmeer und verfügt über fünf große Strandabschnitte inklusive Badestellen mit rund 1.800 Strandkörben sowie den weltbekannten Pfahlbauten mit Erlebnisgastronomie direkt am Meer. 12 km lang und bis zu 2 km breit, angefüllt mit 10 Mio. m^2 feinstem, weißen Sand bietet sich hier ein tolles Strandvergnügen für Zwei- und Vierbeiner. Weit schiebt sich der Strand ins Meer hinaus und stellt ein beeindruckendes Naturbild von Dünen, Strand und Meer mit atemberaubender Himmelslandschaft dar. Und nichts ist schöner für Hunde als hier zu spielen, zu buddeln und zu baden, einfach so richtig rumzumatschen – ohne dass Herrchen oder Frauchen schimpft.
Die Hundestrände in Bad, Böhl, Ording und Ording Nord (FKK) sind extra ausgewiesen (Leinenpflicht).

> Kontakt
> Tourismus-Service-Center
> Postfach 100, D-25823 St. Peter-Ording
> Tel.: 0049/4863/9990
> E-Mail: info@tz-spo.de   Internet: www.st.peter-ording.de

Nordsee-Heilbad Büsum

Hier können Hund und Herrchen/Frauchen im trittfesten Watt um die Wette laufen und sich die salzige Brise um die Nase bzw. Schnauze wehen lassen. Oder einfach entlang des gut 3,5 km langen Grünstrandes spazieren gehen. Einen Sandstrand findet man in der über 100.000 m^2 großen Perlebucht. Hunde dürfen überall angeleint an der Deichkrone mitgeführt werden. Ein Hundestrand mit Strandkörben befindet sich am Erlengrund (Abschnitt in Strandkorbzone 1 und 9).

> Kontakt
> Kur und Tourismus Service Büsum
> Südstrand 11, D-25761 Büsum
> Tel.: 0049/4834/9090, Fax: 0049/4834/6530
> E-Mail: info@buesum.de   Internet: www.buesum.de – hier erhalten Sie auch Infos über die Hundehaltung in Büsum sowie die Gefahrhundeverordnung

Hundestrand im Nordseeheilbad Friedrichskoog-Spitze

Hier stehen Strandkörbe auf sanft ansteigendem grünem Deich. Das flache Wasser ist ideal für Hunde zum Plantschen und für den Einstieg ins Meer. Der frei zugängliche Strand teilt sich in einen Hauptstrand mit Strandkorbvermietung sowie einen Hundestrand und einen Bereich für FKK. (Internetinfo: www.friedrichskoog.de)

Baltic Hotel **

Hansestraße 11
D-23558 Lübeck, Region Ostsee

Tel. & Fax: 0049/451 85575
E-Mail: baltic.engel@t-online.de
Internet: www.baltic-hotel.de

Hunde-Infos

Unterkunft: Lage am Rande der Altstadt im Zentrum
Unterkunftskosten / Tag ohne Futter: keine, Futter a. A.
Mitnahme in den Speiseraum möglich: ja
Erlaubte Hundeanzahl pro Gast: 2. Hundesitter-Dienst: nein
Auslaufmöglichkeit/Spazierweg: unweit vom Hotel. Radweg: vorhanden

Hotel garni Villa Charlott ***

Kaiserallee 5
D-23570 Travemünde, Region Ostsee

Tel.: 0049/4502/86110, Fax: DW 861199
E-Mail: info@villa-charlott.de
Internet: www.villa-charlott.de

Hunde-Infos

Unterkunft: ruhig, strandnah; Haustier: Berner Sennenhund auf abgegrenztem Grundstück; Hundedecke/Futternapf a. A.
Unterkunftskosten pro Tag ohne Futter: € 3,–, Futter a. A.
Mitnahme in den Speiseraum möglich: nein. Erlaubte Hundeanzahl pro Gast: 1
Hundesitter-Dienst: nein. Auslaufmöglichkeit: großer Park in unmittelbarer Nähe
Spazierweg: in alle Richtungen direkt ab Hotel
Bademöglichkeit: Hundestrand (10–15 Min.) (s. Hundestrandinfo, S. 147)
Radweg: Ostsee-Küsten-Radweg am Hotel vorbei
Hundefreundliches Lokal: Restaurant „Passatwind"
Ausflugstipp: Wanderweg rund um den Hemmelsdorfer See (ca. 20 km), Wanderweg nach Niendorf am „Brodtener Steilufer" (ca. 12 km)
Hundeschule/Agility: Hundeplatz etwas außerhalb des Ortes (10 Automin.)
Tierarzt: Dr. Kollmeier (10 Gehmin.)
Hunde-Extra: Hundebadestrand

Schleswig-Holstein

Gästehaus Schött ** Wasserfahrschule Travemünde

Teutendorfer Weg 2
D-23570 Lübeck-Travemünde

Tel.: 0049/4502/4504 oder 3151
Fax: 0049/4502/309734
E-Mail: info@wasserfahrschule.de
Internet: www.wasserfahrschule.de

Hunde-Infos
Unterkunft: ruhige Lage in Zentrumsnähe
Unterkunftskosten pro Tag ohne Futter: € 1,–
Mitnahme in den Speiseraum erlaubt: ja. Erlaubte Hundeanzahl pro Gast: 1–2
Hundesitter-Dienst: nein
Auslaufmöglichkeit: Hundewiese/Park in Hotelnähe, Spazierwege und Wiesen (50 m, Freilauf). Spazierweg: Brodtener Ufer, Priwall
Bademöglichkeit: Ostsee, Pötenitzer Wiek (beide ca. 900 m) (s. Hundestrandinfo, S. 147)
Ausflugstipp: Lübeck (Unesco Weltkulturerbe)

Priwall-Hafen Betriebsgesellschaft mbH ***

Mecklenburger Landstraße 2–12
D-23570 Lübeck-Travemünde,
Region Lübecker Bucht

Tel.: 0049/4502/8603-48, Fax: 0049/4502/8603-49
E-Mail: priwall.hafen@rosenhof.de
Internet: www.travemuende-yachthafen.de

Hunde-Infos
Unterkunft: Fewo direkt am Naturschutzgebiet
Unterkunftskosten pro Tag ohne Futter: € 4,–
Erlaubte Hundeanzahl pro Gast: 1
Hundesitter-Dienst: nicht über unsere Einrichtung
Auslaufmöglichkeit: direkt ab Ferienwohnung, da Waldgebiet
Spazierweg: Naturschutzgebiet Priwall, 2 Min. von der Ferienwohnanlage, Spaziergänge über 2–3 Stunden möglich
Bademöglichkeit: Hundestrand auf dem Inselbereich Priwall (Sandstrand, ca. 15 Gehmin.) (s. Hundestrandinfo Travemünde, S. 147)
Radweg: ausreichend vorhanden
Ausflugstipp: Vogelpark und Eulengarten Niendorf, An der Aalbeek, D-23669 Timmendorfer Strand, Tel. 0049/4503/4740 – Hunde anleinen
Hundeschule/Agility: Hundeschule, Hunde- und Katzenhotel First Class am Kiekutsee, R. Lütjohann, Tel. 0049/451/7098535, in Lübeck (ca. 20 Automin.)
Tierarzt: Tierarztpraxis Kollmeyer u. Schwarz, Steenkamp 59, D-23570 Lübeck-Travemünde, Tel. 0049/4502/73339 (ca. 20 Gehmin.)
Hunde-Extra: Hundebadestrand in der Nähe (ca. 15 Min.)

Hundefreundliche Unterkünfte

Hotel Atlantis mit Schifferklause ***Superior

Strandallee 60,
D-23669 Timmendorfer Strand,
Region Ostsee

Tel.: 0049/4503 8090, Fax: DW 5056
E-Mail: info@hotel-atlantis.de
Internet: www.hotel-atlantis.de

Hunde-Infos
Unterkunft: Strandnähe (50 m)
Hundedecke/Futternapf: ja, ohne Berechnung
Unterkunftskosten pro Tag ohne Futter: € 8,–, Futter a. A.
Mitnahme in den Speiseraum möglich: ja
Erlaubte Hundeanzahl pro Gast: keine Begrenzung
Hundesitter-Dienst: ja. Auslaufmöglichkeit: am Strand und im Wald direkt am Hotel
Spazierweg: von und zum Hotel
Bademöglichkeit: Timmendorfer Strand/Niendorf: abgegrenzter Strand direkt vor dem Niendorfer Hafen/An der Acht/Strandpromenade, Doggy-Bags am Eingang (s. Hundestrandinfo, S. 147). Radweg: gut ausgebaute Radwege
Ausflugstipp: Hansa Park in Sierksdorf, Hansestadt Lübeck, Holsteinische Schweiz
Hundeschule/Agility: Tierpsychologische Praxis und Hundeschule Aegidius, Ruppersdorf 39a, D-23626 Ratekau, Tel. 0049/4504/4433, Prägungsspieltage: Samstag 13.00–15.00 Uhr, Junghundgruppe: Samstag 15:30–17:30 Uhr
Tierarzt: Dr. Felix Benary, Strandallee 182, D-23669 Timmendorfer Strand
Hunde-Extra: Hundeübungsplatz Schwedenweg/Nähe Bahnhof

Haus Godehoop – Ferienwohnungen ***

Hamburger Straße 24
D-23743 Grömitz, Region Ostholstein

Tel.: 0049/4562/3475, Fax: 0049/4562/267660
E-Mail: info@godehoop.de
Internet: www.godehoop.de

Hunde-Infos
Unterkunft: Lage an der Ostsee/Lübecker Bucht; 4 Fewo in ruhiger Ortsrandlage; Futternapf a. A.; Haustier: Hütehund
Unterkunftskosten pro Tag ohne Futter: keine
Erlaubte Hundeanzahl pro Gast: pro Wohnung max. 2 Hunde
Hundesitter-Dienst: nach Absprache möglich
Auslaufmöglichkeit/Spazierweg: Wald und Wiesen (3 Min.), Strand
Bademöglichkeit: Hundestrand (5 Min.) mit Strandkörben, zweiter ruhigerer Hundestrand ohne Strandkörbe etwas weiter entfernt (s. Hundestrandinfo Grömitz, S. 147)
Tierarzt: Dr. Schneekloth, Pappelhof 17, D-23743 Grömitz, Tierklinik Schulze Hockenbeck, Kiekebusch 52, Neustadt/H (15 km)

Schleswig-Holstein

Hotel Hof Krähenberg ***superior

Nienhagener Weg (ohne Nr.)
D-23743 Ostseeheilbad Grömitz,
Ostsee/Ostholstein

Tel.: 0049/4562-22722, Fax: DW 227250
E-Mail: info@hof-kraehenberg.de
Internet: www.hof-kraehenberg.de

Hunde-Infos
Unterkunft: am Ortsrand im Grünen, großer Gartenpark, eigene Felder und Wiesen;
Haustiere: Katzen, Kaninchen
Unterkunftskosten pro Tag ohne Futter: € 3,–
Erlaubte Hundeanzahl pro Gast: beliebig (3 ist wohl realistisch)
Hundesitter-Dienst: nach Absprache möglich (durch Azubis)
Auslaufmöglichkeit: 5 ha eigenes Gelände
Spazierweg: Fahrradweg vor der Haustür, diverse Wege durch die Felder
Bademöglichkeit: am Hundestrand von Grömitz (s. Hundestrandinfo Grömitz, S. 147)
Radweg: mehrere
Hundefreundliches Lokal: diverse in Grömitz, 800 m bis 2.000 m entfernt
Hundeschule/Agility: Aegidius, D-23626 Ratekau, Ruppersdorf 39, Tel. 0049/4504/4433
Tierarzt: Dr. Schneekloth-Dücker, Pappelhof 17, Tel. 0049/4562/9883 (800 m)
Hunde-Extra: Hundestrand in Grömitz

Haus Scarlett

Cismarerstraße 6
D-23747 Dahme, Region Ostsee
Postanschrift für Reservierungen:
H. B. Schenck
Kl. Sarau 39, D-23627 Groß Sarau

Tel.: 0049/4509/8197, Fax: 7079801
E-Mail: hbrsche@aol.com
Internet: www.ferienhaus-schenck.de
www.ostseeurlaub-schenck.de

Hunde-Infos
Unterkunft: Lage Ortseingang Dahme-Nord, nahe Ostseestrand (5 Min.)
Unterkunftskosten pro Tag ohne Futter: keine, Endreinigung € 21,– bis € 38,–
Erlaubte Hundeanzahl pro Gast: a. A.
Auslaufmöglichkeit: 200 m vom Hause entfernt, einige Fewos mit eingezäuntem Garten
Bademöglichkeit: öffentlicher Hundestrand in Dahme (15 Gehmin.) (s. Hundestrandinfo, S. 147)
Ausflugstipp: Weltkulturerbe Hansestadt Lübeck, Hansa-Park Sierksdorf, Vogelpark Niendorf, Sea Life Center Timmendorfer Strand, Meereszentrum in Burg auf Fehmarn
Tierarzt: Dr. Schneekloth-Ducker, Pappelhof 17, D-23743 Grömitz, Tel. 0049/4562/9883 (8 km)

Twe Seen Hus

Scharbeutzerstraße 29
D-23684 Pönitz am See, Region Ostsee
Postanschrift für Reservierungen:
Evelyn Schenck, Kl. Sarau 39
D-23627 Groß Sarau

Tel.: 0049/4509/8197, Fax: 0049/4509/7079801
E-Mail: hbrsche@aol.com
Internet: www.ferienhaus-schenck.de

Hunde-Infos
Unterkunft: Fewo mit Seelage
Unterkunftskosten pro Tage ohne Futter: keine, Endreinigung € 30,– bis € 40,–
Erlaubte Hundeanzahl pro Gast: a. A.
Auslaufmöglichkeit: 200 m vom Hause entfernt, eingezäuntes Grundstück mit Seezugang. Spazierweg: zum eingezäunten Hundeauslauf 10 Min.
Bademöglichkeit: eigener Bade- und Angelsteg, öffentlicher Hundestrand zwischen Scharbeutz und Haffkrug (3 km, 5 Automin.) (s. Hundestrandinfo, S. 147)
Radweg: gut ausgebautes Radwegenetz in ganz Ostholstein
Ausflugstipp: Weltkulturerbe Hansestadt Lübeck, Plöner oder Eutiner Schloss, Hansa-Park Sierksdorf, Sea Life Center Timmendorfer Strand, Meereszentrum in Burg auf Fehmarn
Tierarzt: Dr. Bauer, Hansastraße 21, D-23684 Scharbeutz, Tel. 0049/4503 75704 (3 km)

Am Walde – Ferien-Häuser und Ferien-Wohnungen
Ch. und U. Gnoyke

Fasanenweg 12
D-23746 Kellenhusen,
Region Ostseeküste

Tel.: 0049/4364/9449
Fax: 0049/4364/8415
E-Mail: amwalde@web.de
Internet: www.AmWalde.de

Hunde-Infos
Unterkunft: ruhige Waldrandlage, in einem 15.000m² großen Parkgelände
Unterkunftskosten pro Tag ohne Futter: keine
Erlaubte Hundeanzahl pro Gast: unbegrenzt
Hundesitter-Dienst: nein. Auslaufmöglichkeit: 50 m bis zum Wald (großer Staatsforst)
Spazierweg: in unmittelbarer Nähe, Waldgürtel, Naturpfad
Bademöglichkeit: Strand (10 Gehmin.), Hundestrand nördlich am Bootsliegeplatz und südlich neben Inline- und Skateranlage (Strandkörbe auf Anfrage) (s. Hundestrandinfo Kellenhusen, S. 150)
Radweg: ausgedehntes Radwegenetz in der Umgebung
Ausflugstipp: Holsteinische Schweiz
Tierarzt: im Nachbarort, Tierklinik in Neustadt/Holstein

Catharinenberg Hotel**-Restaurant

Hamburger Chaussee 21–23
D-24113 Kiel – Molfsee, Region
Rendsburg-Eckernförde

Tel.: 0049/4347/7072-0, Fax: DW 270
E-Mail: info@catharinenberg.de
Internet: www.aal-satt.de , www.catharinenberg.de

Hunde-Infos
Unterkunft: zentrale Lage mit viel Natur (Naturpark Westensee, das Eidertal)
Unterkunftskosten pro Tag ohne Futter: keine, Futter a. A.
Mitnahme in den Speiseraum möglich: ja. Erlaubte Hundeanzahl pro Gast: n. V.
Hundesitter-Dienst: nein
Auslaufmöglichkeit/Spazierweg/Radweg: in unmittelbarer Nähe
Bademöglichkeit: Molfsee, Ramsee (3 Min.), Fluss Eider, Ostsee/Hundestrand Falkenstein (s. Hundestrandinfo, S. 151). Ausflugstipp: Freilichtmuseum Molfsee
Hundeschule/Agility: Bordesholm (12 km)
Tierarzt: Dr. Johanne Scholtissek, Am Osterfeld 2, D-24113 Molfsee,
Tel. 0049/431/651144

Suennbloom Huus Ferienhaus

Falshöft 7 c
D-24395 Nieby/Falshöft, Region Angeln/Naturschutzgebiet Geltinger Birk

Tel.: 0049/174/3725240
E-Mail: info@suennbloom.de
Internet: www.suennbloom.de

Hunde-Infos
Unterkunft: ruhige Lage, Strandnähe (250 m), Hundestrandnähe (350 m); Hundedecke/Futternapf a. A.; Haustier: Retrieverhündin Ronja
Unterkunftskosten pro Tag ohne Futter: keine Zusatzkosten für den Hund
Mitnahme in den Speiseraum möglich: ja. Erlaubte Hundeanzahl pro Gast: max. 2 Hunde
Hundesitter-Dienst: nein
Auslaufmöglichkeit/Spazierweg: großes 2.400 m² Naturgrundstück, etliche Wanderrouten, Ostseewanderweg
Bademöglichkeit: Hundestrand Falshöft (350 m) (s. Hundestrandinfo, S. 152)
Radweg: zahlreiche Radwege und ausgeschilderte Touren, kostenlose Nutzung von Fahrrädern und Hundeanhänger im Haus!
Ausflugstipp: u. a. Arnis und Schleswig. Von der Webseite lässt sich der „Aktivitätenführer Angeln" herunter laden – u. a. auch mit zahlreichen Tipps für Hundehalter, wo der Vierbeiner mitgenommen werden darf bzw. leider keinen Eintritt erhält!
Hundeschule/Agility: Hundeschule Villmow&Mügge in Langballig (ca. 25 km)
Tierarzt: Tierarzt Madsen, Gelting, Nordstraße (5 km)

Ferienhaus Peters

Sandhayn 7 a
D-25715 Dingen, Region
Kreis Dithmarschen

Tel. & Fax: 0049/4855/1374
E-Mail: info@fvv-st-michel.de
Internet: www.fvv-st-michel.de

Hunde-Infos
Unterkunft: ruhige Lage im Ortsteil Sandhayn
Unterkunftskosten pro Tag ohne Futter: € 2,–
Erlaubte Hundeanzahl pro Gast: 2 Hunde im Haus (keine Kampfhunde)
Hundesitter-Dienst: nein
Auslaufmöglichkeit: großer Garten, nicht umzäunt, Hunde-Freilaufgatter im Forst Christianslust. Spazierweg: sehr gutes Wanderwegenetz
Bademöglichkeit: Nordsee, Entfernung (ca. 25 km, 15 Automin.), Hundestrand Nordsee/Friedrichskoog (s. Hundestrandinfo, S. 158)
Radweg: sehr gutes Radwanderwegenetz, Nordseeküsten-Radwanderweg
Ausflugstipp: Marschenbahn-Draisine
Tierarzt: Dr. Dührsen, Hauptstraße 34 a, D-25715 Dingen, Tel. 0049/4855/205 (ca. 1,5 km)

Haus Isabel **** (10 Appartements)

Tertius Törn 35, D-25761 Büsum

Tel.: 0049/4834/95940

Buchung und Infos:
Helga Jessen
Bergstraße 50 a, D-24226 Heikendorf

Tel.: 0049/431/242291, Mobil: 0049/170/3810066
Fax: 0049/431/2398401
E-Mail: h.jessen@vr-web.de
Internet: www.haus-isabel.de

Hunde-Infos
Unterkunft: Lage 100 m vom Deich, direkt am Nationalpark Wattenmeer; Futter, Hundedecke/Futternapf a. A. Hundesitter-Dienst: auf Wunsch
Auslaufmöglichkeit: an der Innenseite des Deiches km-weite Auslaufmöglichkeiten (100 m). Spazierweg/Radweg: im Nationalpark, Fahrradverleih kostenlos, Fahrradroute bsp. bis Meldorf
Bademöglichkeit: Hundestrand am Erlengrund mit Strandkörben (15 Min.) (s. Hundestrandinfo Büsum, S. 157). Ausflugstipp: Theodor Storm Haus (Husum), Nationalpark Wattenmeer, Seehundeaufzuchtsstation in Friedrichskoog
Tierarzt: Dr. Rudolf Schmitt, Dr. André Dörr, Chausseestraße 41, Wörden, Tel. 0049/4839/9090 (10 km)
Hunde-Extra: Duschen für Hunde am Strand

Schleswig-Holstein

Dünenhotel Eulenhof garni ***

Im Bad 91–95
D-25826 St. Peter Ording

Tel.: 0049/4863/9655-0, Fax: 0049/4863/9655-155
E-Mail: duenenhotel-eulenhof@t-online.de
Internet: www.hotel-eulenhof.de

Hunde-Infos
Unterkunft: sehr ruhige, naturnahe Lage
Haustier: Hund; Hundedecke/Futternapf a. A.
Unterkunftskosten pro Tag ohne Futter: € 4,– bis € 6.,–,
Futter a. A. Mitnahme in den Speiseraum möglich: nein
Erlaubte Hundeanzahl pro Gast: 2. Hundesitter-Dienst: bei Bedarf
Auslaufmöglichkeit/Spazierweg: direkt ab Haus, da Deich und Wald „vor der Haustür" liegen. Bademöglichkeit: ausgewiesene Hundestrände in St. Peter Ording (s. Hundestrandinfo, S. 153). Radweg: großes Radwegnetz in und um St. Peter Ording
Hundefreundliches Lokal: diverse Lokalitäten im Umkreis von 1 km
Ausflugstipp: Tier- und Naturparks (Leine). Hundeschule/Agility: vor Ort.
Tierarzt: zwei vor Ort. Hunde-Extra: gemeinsame Hundespaziergänge am weiten Sandstrand und in unmittelbarer Natur

Kurappartements Pellworm, 3 Ferienwohnungen, Kategorie ****

Liebesallee 6
D-25849 Nordseeinsel Pellworm, Region Nordfriesische Inseln/Nationalpark Wattenmeer

Tel.: 0049/4681/570400, Fax: DW 570401
E-Mail: kurappartements-pellworm@t-online.de
Internet: www.kurappartements-pellworm.de

Hunde-Infos
Unterkunft: ruhig, Sackgasse, unmittelbar am Seedeich, eingezäunter Garten; Hundedecke/Futternapf a. A. Unterkunftskosten pro Tag ohne Futter: keine
Erlaubte Hundeanzahl pro Gast: auf Anfrage. Hundesitter-Dienst: auf Anfrage
Auslaufmöglichkeit: weitläufige Auslaufmöglichkeiten auf der ganzen Insel, nur auf den Deichstrecken mit Schafhaltung gilt Leinenzwang, eingezäunter Garten 700 m^2
Spazierweg: direkt am Meer rund um die Insel
Bademöglichkeit: 3 Hundestrände auf der Insel (s. Hundestrandinfo Pellworm, S. 156), nächster Strand zum Ferienhaus rd. 2.000 m
Radweg: 5 Rundkurse unterschiedlicher Länge, Radwanderkarte kostenfrei im Haus, Rad-Ausflüge zu den Halligen möglich. Hundefreundliches Lokal: Restaurant „Nordermühle" – nordisch-urig! (Zutritt für Hunde in den meisten Lokalen möglich)
Ausflugstipp: Bauernmarkt, Bootscorso (Juli/August), Hafenfest (August), Inselkutschfahrten, Ringreiten (Juni/Juli), Rungholttage (Mai)
Tierarzt: Dres. Sielaff/Ruppertz, Schulstraße 9, Tel. 0049/4844/224
Hunde-Extra: Hunde-Badestrand in der Nähe

Sophienhof ****-Komfort-Wohnungen unter Reet

Buurnstraat 80
D-25938 Oevenum auf Föhr, Region Nordfriesische Insel

Tel. & Fax: 0049/4681/74 84 940/1
E-Mail: info@sophienhof-foehr.de
Internet: www.sophienhof-foehr.de

Hunde-Infos
Unterkunft: Ortsrand, 12.000 m² Grundstück
Unterkunftskosten pro Tag ohne Futter: keine
Erlaubte Hundeanzahl pro Gast: 2
Auslaufmöglichkeit: direkt vom Haus weg
Spazierweg/Radweg: diverse Wander- und Radrouten
Bademöglichkeit: vier schöne Strandabschnitte, an denen Hunde willkommen sind (ca. 4–8 km) (s. Hundestrandinfo Wyk, S. 155)
Hundefreundliches Lokal: in nahezu allen Restaurants auf der Insel sind Hunde herzlich willkommen.
Tierarzt: Dr. Reck, Tel.: 0049/4681/59 24 68 oder Dr. Lohmeier, Tel. 0049/4681/25 81

Ferienwohnungen – Barella

Buurnstrat 18
D-25938 Oevenum auf Föhr, Region Nordfriesland-Nordsee-Insel Föhr

Tel. & Fax: 0049/4681-593499
E-Mail: ferienwohnung-barella@t-online.de
Internet: www.domizil-katalog.de/praesentation_68_558.html

Hunde-Infos
Unterkunft: ruhige, ländliche Lage
Haustiere: 2 Hunde
Erlaubte Hundeanzahl pro Gast: 2
Auslaufmöglichkeit: direkt ab Haus möglich, Garten
Spazierweg: zum Strand (4 km) oder in die Marsch
Bademöglichkeit: Hundestrände in Wyk (4 km), Nieblum (4 km) oder Utersum (8 km), Deich (4 km) (s. Hundestrandinfo Insel Föhr, S. 155)
Radweg: an den meisten Straßen zu den Dörfern
Hundefreundliches Lokal: Café Steigleder am Sandwall in Wyk
Ausflugstipp: Schifffahrt zu den Halligen, Amrum oder Sylt, Fischmarkt – Sonntags in Wyk oder Bauernmarkt – Donnerstags in Oevenum
Tierarzt: Dr. Lohmeier, am Golfplatz 7, Tel. 0049/4681/2581

Duus-Hotel

Hafenstraße 40
D-25938 Wyk auf Föhr, Region Nordfriesland

Tel.: 0049/4681/59810, Fax: DW 598140
E-Mail: duus-hotel@t-online.de
Internet: www.duus-hotel.de

Hunde-Infos

Unterkunft: am Hafen, 500 m zum Hundestrand
Unterkunftskosten pro Tag ohne Futter: großer Hund € 8,–, kleiner Hund € 5,–
Mitnahme in den Speiseraum möglich: ja
Erlaubte Hundeanzahl pro Gast: pro Zimmer ein Hund
Hundesitter-Dienst: nein. Auslaufmöglichkeit: in der Umgebung
Spazierweg: hinter dem Hafen in der Marsch oder an der Küste
Bademöglichkeit: Hundestrand am Strandabschnitt 12 (800 m), sehr schöner Hundestrand in Höhe des Flug- und Golfplatzes (2 km) (s. Hundestrandinfo Föhr, S. 155)
Radweg: über die ganze Insel verteilt
Hundefreundliches Lokal: Restaurant „Austernfischer" im Haus
Ausflugstipp: Nachbarinseln. Tierarzt: Volker Reck, Am Grünstreifen 7, in Wyk
Hunde-Extra: Hundestrand

Lux. Mini-Reetdach-Häuschen Vietheer

Stiindeelke 16
D-25980 Rantum/Sylt

Tel.: 0049/9865/941 97 9-0, Fax: DW 9
E-Mail: vietheer@t-online.de
Internet: www.rantum-sylt.de

Hunde-Infos

Unterkunft: ruhige Lage im Zentrum von Rantum an der Meerseite, 50 m zum Dünenspaziergang. Unterkunftskosten pro Tag ohne Futter: € 8,–
Erlaubte Hundeanzahl pro Gast: n. V.
Hundesitter-Dienst: nein
Auslaufmöglichkeit: direkt ab Haus in die Düne, kleiner Garten z. T. mit Wall – offen
Spazierweg: in den Dünen, am Watt und am Strand
Bademöglichkeit: Nordsee, Hundestrand (10 Min.) (s. Hundestrandinfo Sylt, S. 152f.)
Radweg: von Rantum Richtung Norden und Süden
Hundefreundliches Lokal: Strandmuschel, Dorfkrug, Wattenhof, Hus in Lee, Kinka, Rantem Huus alle in Rantum; Tadjem Deel und Sansibar südlich von Rantum
Ausflugstipp: Gosch List und Westerland, Ellenbogen und Leuchtturm im Norden von Sylt, Odde und Leuchtturm in Hörnum, Rotes Kliff, Morsum, Leuchtturm in Kampen, Vogelschau nördlich von Kampen, Watt- und Vogelführungen, Ausflüge mit dem Schiff zu den Seehunden, Strandritte mit Hund Tinnum
Tierarzt: Dr. Neumann, Rantum, Hauptstraße, Tel. 0049/4651/25 441
Hunde-Extra: mehrere Hundestrände auf der Insel, Strandritte mit Hund

Hundefreundliche Unterkünfte

Bundesland Thüringen

Ob Winter oder Sommer, das Reiseland Thüringen lockt mit einer abwechslungsreichen Landschaft mit Bergen von fast tausend Metern Höhe, unzählige Wiesen und schier endlosen Wäldern, Naturparks wie dem Thüringer Wald oder dem Nationalpark Hainich, zahlreichen Bächen, Flüssen, Seen und Talsperren – ein ideales Urlaubsland für Hundehalter. Das größte zusammenhängende Waldgebiet der Bundesrepublik und eine der schönsten Mittelgebirgslandschaften Deutschlands ist der Thüringer Wald. Dazwischen, vom Mittellauf der Werra bis zum Oberlauf der Saale, zieht sich der vielbesungene Rennsteig als Höhenwanderweg auf einer Länge von 168 Kilometern. Er führt über den Kamm des Thüringer Waldes und des angrenzenden Schiefergebirges bis hin in den nördlichen Frankenwald – von Hörschel bei Eisenach bis nach Blankenstein. Der Rennsteig und mehr als 6.000 Kilometer ausgeschilderte Wanderwege führen den Wanderer im Thüringer Wald zu jeder Jahreszeit zu lohnenden Ausflugszielen. Dazu gehören der wohl bekannteste Wintersportort Thüringens – Oberhof, Eisenach mit der Wartburg, Meiningen mit dem weltbekannten Theater und der Elisabethenburg, die Spielzeugstadt Sonneberg, die Glasbläserstadt Lauscha und natürlich die Stadt Suhl mit dem Waffenmuseum.

Einen Kontrast zur Ruhe des Waldes in Thüringen bildet das quirlige Leben in den zahlreichen sehenswerten Thüringer Städten. Mit einer Mischung aus Geschichte und Tradition, Kultur und Freizeitspaß, Moderne und Klassik laden die Thüringer Städte zu einem Besuch ein. Die imposante Kulisse des Domes St. Marien und der Severikirche auf dem Domplatz, die längste, noch komplett erhaltene und bebaute Brückenstraße Europas – die Krämerbrücke, die Bürgerhäuser am Fischmarkt oder die Zitadelle Petersberg sind nur einige der zahlreichen Sehenswürdigkeiten in der Landeshauptstadt Thüringens – Erfurt. In der Kulturstadt Europas 1999, Weimar, gibt es kaum eine Straße oder Gasse, die nicht die wechselvolle Geschichte der Stadt widerspiegelt. Seit Generationen locken die innerstädtische „Kulturmeile" mit dem berühmten Bronzedenkmal von Johann Wolfgang von Goethe und Friedrich Schiller vor dem Deutschen Nationaltheater und die insgesamt 27 Museen Gäste aus aller Welt in die Stadt an der Ilm. Inzwischen sind sage und schreibe 16 einzigartige Objekte in die Welterbe-Liste der UNESCO aufgenommen. Aber auch Städte wie Jena, Gera, Gotha, Eisenach, Schmalkalden und viele mehr laden zu einer Städte- und Kulturreise nach Thüringen ein.

Thüringen, die geographische Mitte Deutschlands, ist auch als das Land der Burgen und Schlösser bekannt. Weit über 400 mittelalterliche Burgen, Burgruinen und Schlösser erheben sich auf Hügeln, Bergen und aus Tälern Thüringens. Neben der weltbekannten Wartburg, Schloss Friedenstein in Gotha oder den Dornburger Schlössern gibt es eine große Anzahl weiterer romantischer Schlösser und mittelalterlicher Burgen. Übrigens herrscht in Thüringen generelle Anleinpflicht für Hunde.

Dass man in Thüringen auch wunderbar entspannen kann, beweist die Fülle an modernen Heilbädern und Kurorten. Heilkräftigen Quellen, Mooren, Mineralien, Thermalwassern und natürlich auch dem guten Klima ist es zu verdanken, dass aus Thüringen ein üppig ausgestattetes Bäderland geworden ist. Mit rund 20 Heilbädern und Kurorten, vom Luftkurort im Thüringer Wald bis hin zum mondänen Kurbad, liegen allein 40 Prozent der Kurorte der neuen Bundesländer im Freistaat Thüringen. Hundesitter-Dienst bei Buchung berücksichtigen und Thermen genießen!

Kontakt

Service-Center Thüringen
Weimarische Straße 45
D-99005 Erfurt
Tel.: 0049/361/37420, Fax: 0049/361/3742388
E-Mail: service@thueringen-tourismus.de
Internet: www.thueringen-tourismus.de

Hundefreundliche Unterkünfte

Hotel Bellevue ***
Am Pfefferberg 7
D-04626 Schmölln,
Region Ostthüringen

Tel.: 0049/34491/7000, Fax: 0049/34491/700-77
E-Mail: hotel.bellevue.schmoelln@t-online.de
Internet: www.bellevuehotel.de

Hunde-Infos
Unterkunft: Lage in ruhiger Parkanlage, umgeben von Wander- und Radwegen
Unterkunft: Hundedecke/Futternapf a. A.
Unterkunftskosten pro Tag ohne Futter: € 6,–, Futter a. A.
Mitnahme in den Speiseraum möglich: ja
Erlaubte Hundeanzahl pro Gast: beliebig
Hundesitter-Dienst: auf Anfrage
Auslaufmöglichkeit/Spazierweg: rund um das Haus Wanderwege, Wander-Erlebnispfad entlang der Sprotte (kleiner Fluss durch Schmölln)
Radweg: mehrere vorhanden in unmittelbarer Umgebung
Tierarzt: Dr. Kruschwitz (3 km)

Ferienwohnung Lotti
Straße der Einheit 39
D-98596 Trusetal,
Region Thüringer Wald

Tel. & Fax: 0049/3684081288
E-Mail: hundeferien@web.de
Internet: www.hundeferien.net

Hunde-Infos
Unterkunft: Lage Wohngebiet, 4 Gehmin. zu Wiesen und Wald; Haustier: Jack Russel; Hundedecke/Futternapf a. A.
Unterkunftskosten pro Tag ohne Futter: keine, Futter a. A.
Erlaubte Hundeanzahl pro Gast: beliebig. Hundesitter-Dienst: nein
Auslaufmöglichkeit: Wiese vor der Fewo, große Wiesen in 4 Gehmin.
Spazierweg: zum Wasserfall und viele andere (Wandergebiet)
Bademöglichkeit: kleiner Teich (20 Gehmin./3 Automin.)
Radweg: gute Waldwege, zum Radweg nach Schmalkalden 15 Min. bergauf radeln
Langlaufloipe: gespurte Loipen rund um Trusetal
Ausflugstipp: Mommelstein, Hohe Klinge, Wartburg Eisenach (ohne Innenbesichtigung) Miniathür Ruhla, Fachwerkstadt Schmalkalden, Rennsteig
Hundeschule/Agility: Hundetrainer im Ort
Tierarzt: Oehlmühle (7 km), Schmalkalden (10 km), Adressen und Telefonnummern in der Fewo
Hunde-Extra: Hundeplatz in Brotterode

Pension und Ferienhof Sell's Scheune ***

Ferienwohnungen nach DTV
Stiegelsgasse 1a
D-99947 Sundhausen,
Region Thüringer Kernland

Tel. & Fax: 0049/36043/70483
E-Mail: michael-sell@t-online.de
Internet: www.sells-scheune.de

Hunde-Infos
Unterkunft: Ortsrandlage an einer Streuobstwiese; Haustiere: 2 Ponys, 2 Hunde, Ziegen, Katzen, Kleinvieh; Hundedecke/Futternapf a. A.
Unterkunftskosten pro Tag ohne Futter: € 5,–, Futter a. A. € 2,–/Tag
Erlaubte Hundeanzahl pro Gast: nach Rücksprache und Belegung
Hundesitter-Dienst: nein
Auslaufmöglichkeit: im eingezäunten Garten und angrenzender Streuobstwiese
Bademöglichkeit: im Fluss Unstrut (4–5 km), schöner Wanderweg zwischen den Orten Großvargula und Bad Langensalza, wo man Hunde mitführen und auch ins Wasser lassen kann. Radweg: ab 2,5 km ausgewiesener Radweg
Ausflugstipp: Hainich Nationalpark, Wartburg, Erfurter Zoo, Kyffhäuser-Denkmal (generelle Anleinpflicht in Thüringen)
Hundeschule/Agility: Hundeschule- u. Pension Reinländer, D-99947 Illeben, Tel. 0049/3603/845406 (ca. 10 km)
Tierarzt: Dr. vet. med. Matthias Harnisch, D-99947 Kirchheilingen (3 km)

Anhang

Interessante Adressen, Infos und Websites

Bundestierärztekammer e. V.
Oxfordstraße 10
D-53111 Bonn
Tel.: 0049/228/72546-0, Fax: DW 66
E-Mail: geschaeftsstelle@btk-bonn.de
Internet: www.bundestieraerztekammer.de

Deutsches Haustierregister des Deutschen Tierschutzbundes
Deutscher Tierschutzbund e.V.
Baumschulallee 15, D-53115 Bonn
Tel.: 0049/1805/23 14 14
Fax: 0049/228/60 496 42
Internet: www.deutscher-tierschutzbund.de
Info zu vermissten Hunden

Deutscher Tierschutzbund e.V.
Baumschulallee 15
D-53113 Bonn
Tel.: 0049/228/60 49 60
E-Mail: bg@tierschutzbund.de
Internet: www.tierschutzbund.de

Deutscher Verband der Gebrauchshundesportvereine (DVG)
Postfach 6006, D-44517 Lünen
Tel.: 0049/231/87 80 10
Fax: 0049/231/8 78 01 22
E-Mail: info@dvg-luenen.de
Internet: www.dvg-saarland.de

Giftinformationszentrale
www.netdoktor.de/wegweiser/notfall/notfall_gift.htm
Auflistung von Giftnotrufzentralen in Deutschland – viele gute Tipps

IEMT Österreich
Institut für interdisziplinäre Erforschung der Mensch-Tier-Beziehung
Margaretenstraße 70, A-1050 Wien
Tel.: 0043/1/505 26 25-30
E-Mail: contact@iemt.at
Internet: www.iemt.at

Interessensgemeinschaft Deutscher Hundehalter e.V.
Postfach 28 61 64
D-28361 Bremen
Tel.: 0049/421/830 50 01

Internationale Zentrale Tierregistrierung (IFTA)
Weiherstraße 8
D-88145 Maria Thann
Tel.: 0049/180/511340-2
Fax: 0049/180/521340-3
Internet: www.tierregistrierung.de
www.globalanid.com
Info zu vermissten Hunden

Interessante Websites zum Thema Urlaub mit Hund:
www.hund-und-reisen.de
www.waldschrat-adventure.de/frames/frame.htm
www.hunde-auf-reisen.de
www.klasbachtal.de/html/hundestrand.html

Sportliches Bergwandern mit Hund:
E-Mail: webmaster@hiking-dog.de
Internet: www.hiking-dog.de
Beschrieben werden u. a. Wandertouren in den Alpen, die auf Hundetauglichkeit getestet und bewertet worden sind; Hüttenverzeichnis; Vor- und Nachteile von Packtaschen für Hunde u. v. m.

Tierärzte-Auflistung in Deutschland:
www.tierarzt-deutschland.de
www.tieraerzteverband.de (Tierärzte-Wahl nach Heimtier, mit Routenplaner)

Verband deutscher Haushüter-Agenturen
Tel.: 0049/2501/7171
Internet: www.haushueter.org

Interessante Adressen, Infos und Websites

Verband für das deutsche Hundewesen
(VDH) e. V.
Westfalendamm 174, D-44141 Dortmund,
Tel.: 0049/231/56 500-0
Fax: 0049/231/59 24 40
E-Mail: info@vdh.de
Internet: www.vdh.de

Vermisste Hunde – Internetadresse:
www.tiersuche.de
Hier hat man die Möglichkeit, den vermissten Hund mit Kontaktadresse sowie Fundtiere ins Netz zu stellen. Neben Deutschland sind auch Frankreich, Österreich und die Schweiz vertreten.

Fotonachweis

Kalkberg, Sachsen, S. 1
Bärenhof, Bayern, S. 4
Charlott, Schleswig-Holstein, S. 8
Plate, Sachsen-Anhalt, S. 8
Wolf, Bayern, S. 9
Kühnel, Wien, S. 9
Scherff Inge, Wien, S. 11
Nowak Angela, Wien, S. 11
Kühnel, Wien, S. 12
Godehoop, Schleswig-Holstein, S. 13
Kühnel, Wien, S. 14
Godehoop, Schleswig-Holstein, S. 17
Nowak Angela, Wien, S. 17
Godehoop, Schleswig-Holstein (Trampolin), S. 18
Tassilo, Bayern, Hund im Radkorb, S. 18
Villa Kunterbunt, Bayern, Frisbee, S. 19
Zeiberg, Rheinland-Pfalz, Agility, S. 19
Tassilo Bayern, S. 20
Lucky Dog, Berlin, Etikette & Erziehung, S. 22
Godehoop, Schleswig-Holstein, Benimm-Regeln, S. 22
Satke, Bayern, S. 23
Villa Constantia, Sachsen, S. 27
Bartmann, Nordrhein-Westfalen, S. 28
Kühnel Sabine, Wien, S. 30
Schmidmeister, Baden-Württemberg, S. 42
Kühnel Sabine, Wien, S. 47
Benji, Bayern, S. 69
Kühnel Sabine, Wien, S. 72
Barella, Schleswig Holstein, S. 85
Intercity, Rostock, Mecklenburg-Vorpommern, S. 88
Suenbluum Huus, Schleswig-Holstein, S. 120
Funny-Friesland, Sachsen-Anhalt, S. 127
Funny-Friesland, Sachsen-Anhalt, S. 127
Bärenhof, Bayern, S. 136
Charlott, Travemünde, Schleswig-Holstein, S. 146
Barella, Schleswig-Holstein, S. 147
Godehoop, Schleswig-Holstein, S. 149
Godehoop, Schleswig-Holstein, S. 152
Ludwig Franz, Wien, S. 171
Dackel im Strandkorb, Godehoop, Schleswig-Holstein, Cover
Mann am Strand, Intercity, Rostock, Mecklenburg-Vorpommern, Cover
2 Dackel im Liegestuhl, Plate, Sachsen-Anhalt, Cover

Bundesländer
Burg Hohenzollern, Tourismus-Marketing GmbH Baden-Württemberg
Esslinger Straße 8, 70182 Stuttgart, www.tourismus-bw.de, S. 29
Harburg + Synagoge Allgäu, Bayern, Tourismusverband Allgäu/Bayerisch-Schwaben e.V., S. 38
Brandenburger Tor, Berlin, Fotos BTM: © www.berlin-tourist-information.de / Koch, S. 62
Schloss Sanssouci mit Terrasse, Brandenburg, TMB-Tourismus-Marketing Brandenburg GmbH, S. 67
Diemelsee, Hessen, Touristik-Service Waldeck-Ederbergland GmbH, S. 73
Lubminer Strand, Vorpommern, Regionaler Fremdenverkehrsverband Vorpommern e.V., Greifswald, S. 84
Königss Rügen, Tourismuszentrale Rügen GmbH, Bergen auf Rügen, S. 87
Strand Warnemünde, Mecklenburg-Vorpommern, Tourismuszentrale Rostock & Warnemünde, Rostock, S. 89
Schloss Celle, Niedersachsen, Lüneburger Heide Tourismus GmbH, Lüneburg, S. 99
DS Goethe vor Drachenfels, Martin Sondermann, Nordrhein-Westfalen, Tourismusverein Bonn, www.bonn-region.de, S. 107
Ruine Glaadt, Eifel Tourismus GmbH, Rheinland-Pfalz, S. 113
Bostalsee, Saarland, Tourist-Information Sankt Wendeler Land, Nohfelden-Bosen, S. 126
Schloss Moritzburg, TV Sächsisches Elbland, Sachsen, S. 128
Jahrtausendturm, Sachsen-Anhalt, MMKT Magdeburg Marketing, Magdeburg, Werner Klapper, S. 137, Ruine Glaadt, Tourismus-Agentur Schleswig-Holstein GmbH, Kiel, S. 145
Dom St. Marien und Severinkirche, Thüringen, B. Neumann, Thüringer Tourismus GmbH, Erfurt, S. 168

Buchungszentrale: H&P Touristik GmbH

Ferienhaus im Naturerlebnisdorf Stamsried im Bayerischen Wald

Buchungszentrale: H&P Touristik GmbH

Borsigallee 8–10
D-53125 Bonn

Tel.: 0049/228/919000, Fax: 0049/228/258176
E-Mail: vermietung@hptouristik.de
Internet: www.hptouristik.de

Lage:
700 Appartements, Fewos, Ferienhäuser in Deutschland. Familienfreundliche private Ferienhäuser und Ferienwohnungen an Nordsee, Ostsee, im Harz, Sauerland, Bayerischer Wald und in Sachsen bei Dresden. Haustiere gerne willkommen.
Angebot/Ausstattung: Ferienwohnungen und Ferienhäuser für bis zu 6 Personen mit Komplettausstattung. 2–3 Schlafräume, Wohn-Schlafraum, separater Essplatz, voll ausgestattete Einbauküche, Münzwaschmaschine/-trockner, PKW-Stellplatz am Haus oder in Tiefgarage, z. T. mit Schwimmbad, Sauna, Dampfsauna und Solarium.

Hunde-Infos
Unterkunftskosten pro Tag ohne Futter: € 4,–
Erlaubte Hundeanzahl pro Gast: 1, bei kleineren Hunden 2
Hundesitter-Dienst: nein
Auslaufmöglichkeit: ja, z. T. Hundestrand
Spazierweg/Radweg: ja
Bademöglichkeit: z. T. Hundestrand
Langlaufloipe: z. T.
Tierarzt: im Ort

Hunde-Guide – Urlaub mit Hund in Österreich

Nach dem großen Erfolg des ersten „Hunde-Guide – Urlaub mit Hund in Österreich" im Jahr 2003 erschien 2004 eine zweite erweiterte Auflage mit noch mehr Infos und hundefreundlichen Unterkunftsadressen aus allen neun Bundesländern. Wenn Sie mit Ihrem Vierbeiner in Österreich urlauben möchten, ist dieses Buch hierfür Ihre „Pflichtlektüre": hundgerechte Urlaubsplanung und Verkehrsmittel, Ausflugsziele für Zwei- und Vierbeiner, tolle Badeplätze, Wandertipps, Hunde-Auslaufzonen, Langlauf-Hundeloipen, Wellness-Aufenthalte für Bello, Waldi & Co. und vieles mehr erfahren Sie auf 256 (!) Seiten inklusive zahlreicher Unterkünfte-Farbabbildungen bzw. Hundefotos.

Elfriede Bukacek/Angela Nowak
Hunde-Guide II – Urlaub mit Hund in Österreich
ISBN 3-7059-0199-0; 13,5x20,5 cm; 256 Seiten;
viele farbige Abb.; Brosch.; € 21,90
Erhältlich im Buchhandel, im Onlineshop des Weishaupt Verlages
(www.weishaupt.at), bei www.amazon.de sowie in allen
österreichischen Fressnapf-Filialen und direkt bei
Elfi Bukacek zum Verkaufspreis zuzüglich € 2,– für Porto und Verpackung
unter Tel.: 0043/699/126 72 377 sowie elfi.bukacek@gmx.at

Die Autorinnen

Die Autorinnen:

Mag. Angela Nowak,

geboren 1966, absolvierte in Wien das Studium der Publizistik- und Kommunikationswissenschaft sowie Politikwissenschaft und ist seitdem als freie Journalistin für verschiedene Zeitschriften und Zeitungen sowie als Sachbuch-Autorin tätig.

1999 erschien im Verlag Orac, Wien, ihr autobiografischer Fitness- und Ernährungsratgeber, „Das I feel good Geheimnis". Im Jahr 2000 folgte im selben Verlag das mediterrane, vollwertige Kochbuch, „Die I feel good Küche". Und im Jahr 2002 erschien im Verlag VA bENE, Klosterneuburg – Wien, ein informativer Ratgeber zu allen Fragen der Katzenhaltung: „Katzen sind eben anders".

Elfriede Bukacek,

geboren 1948, ist seit 1995 fixe Mitarbeiterin einer renommierten Tierschutzorganisation.

Häufig wurde sie mit dem Thema Urlaub mit Hund und Problemen rund um die Urlaubsplanung konfrontiert. Aus diesem Grund hat sie gemeinsam mit Angela Nowak die Buchidee über Urlaub mit Hund verwirklicht. Überdies gab sie auch wertvolle Tipps und Informationen im Hinblick auf Tierschutzaspekte im Buch „Katzen sind eben anders" von Angela Nowak.

Gemeinsame Buchprojekte der Autorinnen:

Erstes gemeinsames Buchprojekt der beiden Tierliebhaberinnen war der im Jahr 2003 im Weishaupt Verlag, Gnas, erschienene Urlaubsratgeber „Hunde-Guide – Urlaub mit Hund in Österreich". Aufgrund des Erfolges und der großen Nachfrage erschien im Jahr 2004 die neu überarbeitete und erweiterte Auflage, „Hunde-Guide II – Urlaub mit Hund in Österreich", ebenfalls verlegt bei Weishaupt.